U0062532

学而不思则罔，思而不学则殆。

——《论语·学而》

〔日〕宫崎市定 = 著

王新新 = 等译

宫崎市定 读

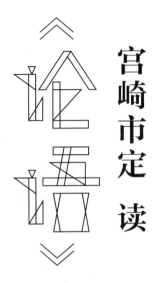

《论语》

GENDAIGO YAKU,
RONGO

广西师范大学出版社
· 桂林 ·

前　言

　　研究《论语》的目的首先在于完成全文的翻译。研究《论语》、阅读并理解其正文内容和将《论语》内容转换为自己的语言让别人明白，是自身性质完全不同的两种工作。

　　翻译工作的难点就在于那些自古以来不断被提及、不断被重复的事实，无论记录这事实用的是古语还是今语，无论是竖写还是横写，也无论属于大量用语相通的中国和日本的哪一方。

　　在原文属于古汉语的情况下，日本自古以来就有训读这种读记法。训读实际上是一种逐词翻译，这种读记法有着严谨的方法，包含着一定分析性的语法解释。但是把训读本身

抄写下来而形成的所谓日语语序的汉文，还算不上是真正的日语；如果不是对其相当熟悉，即使能读出来却仍然无法理解也是正常的。因而，采用白话文或现代口语体翻译就很有必要。

另一方面，现代语翻译也存在问题。或许是任何一种翻译方式都在劫难逃的命运，采取所谓直译的方法，越朝忠实原文的方向努力，形成的译文就越难理解。对待汉文古典文献，若是按照训读的读解文逐字逐句地替换为现代日语，或许会是最忠实的翻译；但是，如果仅凭读和听，大部分人是无法理解的。为了能够让人理解，有必要做更进一步的说明。而这样的话，实际上并不能被称为翻译。

于是意译的方法出现了。意译并非指将意思提取出来加以理解，而是以强调传达大意为目的。即在翻译最初便认识到译文与原文间多少会产生龃龉的基础上，用现代读者所习惯的表达来传达原文的大意。我的翻译就是遵循了意译的方法，但又担心仅仅这样处理可能会与原文的出入过大，幸好还有传统的训读法，于是我一并附上了训读文。如此一来，读者就可以回归到原文中理解语气，同时便于理解我的新译文与原文到底存在怎样的出入。

给自认为意译的译文冠以"新译"之名，是因为我觉得其中加入了我自己的新的构思。第一方面，是不采取原文、译文用语一一对应的方针。《论语》当中频繁重复使用属于道德分类中的"仁""信""礼"和人格分类中的"君子""仁者"等用语。那么，例如将"仁"译为"人道主义"、"君

子"译为"绅士"这样的现代语，似乎全篇都可以按此译法一路替换下来，但实际做起来却往往出现意思很难畅达的情况。这是因为，即使是相同的表达方式，由于时间和场合的不同，语感的分量也会不同，会存在微妙的差异，表达方式的意义范围也有着宽窄之别。并且，同一表达可能会有褒贬两种感情色彩，比如像"泰"和"谅"这样的字。"泰"会让人想到形容君子的泰然的意思，同时也有"奢泰"①的意思。"谅"既有作为朋友令人信赖的意思，又有"君子贞而不谅"②中"谅"的意思。在这里，一个字出现了多种译法。同时，也不能避免译文将原文中的不同文字用相同表达来翻译的情况。

　　第二方面，为了进一步说明或是考虑到译文的语感，如果有补充翻译的必要，即使补译的措辞原本并不恰当，我也做了努力。例如"圆阵"补充说明为"圆形的圆阵"这种处理。旧时的军队中，新兵的出身形形色色，教官常常命令"摆圆形的圆阵"，同时亲自做示范，这样新兵们就非常容易理解了。我在翻译过程中也采取了这种方式。例如翻译原文的"君子"时，如果想保留"君子"这一表达，常常会采用"有教养的君子"这种译法。过于执着这种译法，则会出现类似于"圆的圆脸"这种译文，但我并不抵触这种情况的出现。虽然作为日语行文，其优美性可能还有欠缺，但这种结果符

---

① 意为奢侈过度。——译者注
② 意为君子固守正道，而不拘泥于不分是非的徒有其表的守信。——译者注

合易于理解这一翻译首要目标。

译文中还存在我的自由翻译，我很担心这些部分可能会超出翻译所规定的范围。将日语翻译成英语时，仅仅查日英词典是不够的，须再查一遍英日词典，这对我们这些不成熟的译者来说是常识。我认为，对于将《论语》这样的古典翻译成现代日语来说，这条道理在一定程度上也是适用的，就是说要考虑到现代日本想说的这些内容，如果翻译成《论语》的语言会怎么样。

《论语》的文章具有相当丰富的表现力，但不论怎么说都是几千年前的语言，单词的数量也并不丰富。用少量的词汇来表达千差万别的具体事情时，不得不使用抽象的用语和同一化的文体，但这些用语背后肯定还包含着更加具体的事实。《论语》中有很多用"子曰"开头的内容，这绝对不仅是孔子站在讲台上朗读准备好的教案，其中既有他向弟子们讲授礼仪规范、咏诗、发表人物评论的场合，又有回答弟子们提问等场合，弟子们则将孔子在各种场合发表的言论提炼并记录了下来。本来应该是在"子曰"之前，内容对应的每个场景都记录下来，但《论语》中只记录下了事先不交代便会影响内容理解的场景。《论语》绝不仅是孔子一个人的教育语录，也应该是孔子和弟子们合作的对话集萃。所以，为了理解《论语》，应该尝试大概考虑一下究竟具体讲的是什么事情。若能还原弟子们围拢着孔子时的情形是再好不过了，但基本上无法指望做到这一点。根据孔子所立之言展开联想，设想现代语想说的内容如果用《论语》的

语言表达会是怎样，有时能意外发现最贴近孔子真实意思的译法。当然，这也伴随着很大的风险，会不可避免地产生再把译文转换成真正的现代日语的过程。总而言之，这不仅是一个全面理解古代思想的过程，还是一个将现代思想投射到古代思想上的过程。不仅是用现代语解释古代用语，还是带着把现代语翻译成为古代用语的思维进行现代语翻译的过程。

　　翻译时为方便起见，我将全书的二十篇内容分成了二十章，这种划分方法完全依据朱熹的《论语集注》，因此与莱故 ① 的英译版《华英四书》中对《论语》的章节划分也是一致的。这样划分并非因为我认为朱熹的划分方法最好。本来章节的划分方法就是较为次要的问题，并不具有特别大的意义；于是为方便起见，采取现在广泛使用的方法，按照《论语集注》的分法应该才是最恰当的。原本朱熹的注解是没有章节号码的，莱故给各篇内部的章节附上了编号，但是没有打通全书的章节编号。本书则未做各篇内部的章节号，而是打通全书附上章节编号。我认为这样更加方便。打通章节号这一处理，势必与鱼返善雄同一立场的《〈论语〉新译》所采取的做法是一致的。各篇的章数表记如下，读者可以通过它来知道全书章节编号，进而方便推算出具体是哪一篇哪一章节。

---

① 莱故（James Legge，1815—1897），英国传教士、中国学学者，曾将"四书五经"译成英文介绍给西方。但在中国，公认《华英四书》的译者不详。——译者注

篇名	学而第一	为政第二	八佾第三	里仁第四	公冶长第五	雍也第六	述而第七	泰伯第八	子罕第九	乡党第十
章数	16	24	26	26	27	28	37	21	30	18
累计	16	40	66	92	119	147	184	205	235	253

各章中首先附上原文 ①，标点只采用句读点。个人认为文字需要变更的地方用特殊符号标明。

龟壳型括号〔　〕表示删除，里面的实心圆点·表示误用字。

空心圆点。表示改正了误用字，或者表示新添加的内容。

紧接着原文列出的是传统的训读（正文中用【训】表示），主要根据的是汉文大系本《论语集说》，同时也参考了简野道明的《〈论语〉解义》等其他书，并依一己之见做了适当的增删修改。

龟壳型括号内下划线〔＿〕表示删除。

双下划线＿表示修改。

---

① 原书中《论语》原文采用繁体书写，本书改为简体字出版。但对于部分具有特殊说明功能的文字，则仍然采用原字形。——编者注

先进第十一	颜渊第十二	子路第十三	宪问第十四	卫灵公第十五	季氏第十六	阳货第十七	微子第十八	子张第十九	尧曰第二十
25	24	30	47	41	14	26	11	25	3
278	302	332	379	420	434	460	471	496	499

　　然后列出的是我给出的新译文（正文中用【新】表示）。

　　圆括号（　　）中是补充性的说明。但是如果此部分是短文时，则省略该符号。

　　最后的部分是解释，用来补充译文不足的地方。只是，解释部分不一定每次都列出，原则是与之前所述内容尽量不再重复。

目　录

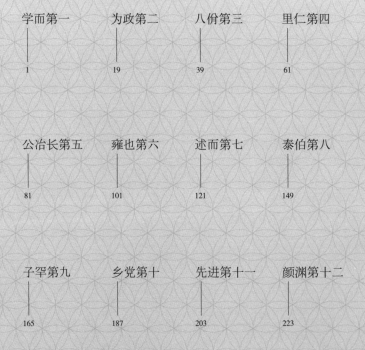

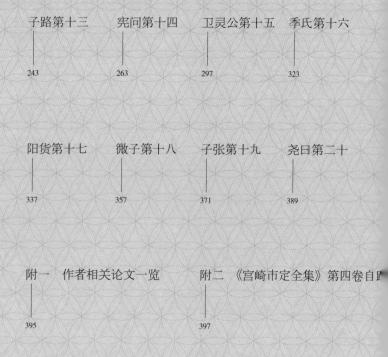

学而第一

（1 ～ 16）

1

子曰。学而时习之。不亦
说乎。有朋自远方来。不亦乐
乎。人不知。而不愠。不亦君
子乎。

【训】子曰く、学んで時に
之を習う。亦た悦ばしからず
や。朋あり、遠方より来る。亦
た楽しからずや。人知らずして
愠おらず。亦た君子ならずや。

【新】孔子说，学习（礼），（弟子们相聚一堂）定期召开温习会，没有比这更令人开心的了。朋友（难得）远道而来造访，没有比这更高兴的了。别人不了解（自己），（自己）也不生气，我想当这样的人。

"学"在这里指学习"礼"。孔子是"礼"的宗师，他教弟子"礼"，并应各诸侯和贵族们的需求，让他的弟子们去担任与"礼"相关的职务。由于当时社会政教合一倾向强烈，社会对熟知传统礼法的人士有相当的需求。"习"是"复习"的意思，这里指像当今学校中举行的汇报表演会一样，弟子们聚在一起进行实际演示。孔子的家就是学校，由于这样的温习会属于集会，无法经常进行，只能定期举办。汉代的司马迁曾经去曲阜瞻仰供奉孔子的庙堂，他听说即使在数百年以后的当时，弟子们还像孔子生前一样，定期去孔家学习礼法，于是在《史记·孔子世家》中这样记述："诸生以时习礼

其家。"

《论语》原文中的"习之",在这里指的是"习礼",这种用法在其他典籍中也能发现,如《左传·庄公二十三年》中有这样一句:"王有巡狩,以大习之。"杜预加注解释为"大习会朝之礼"[1]。这里提到的"习",也不是伏在桌案上学习,明显是很多人聚在一起,为了正式的活动而做的排演性活动。

有说法认为,应将原文中的"有朋"二字换为"友朋",其根据是注意到唐代陆德明的《经典释文》中存在这样的例子。但问题是《论语》中的"朋友"这一表达方式共出现了八次之多,为何此处偏要将"朋友"二字的顺序颠倒记作"友朋"呢?所以,原文想表达的还是"有朋友","有"这个字理解为朋友来访的突然性,才贴近原文想展示的场面。显然,正因为意想不到的、来自陌生远方的朋友造访自己,才会感到格外高兴。

关于"人不知"这三个字的解释,有说法认为是"孔子教授弟子,但弟子却不能立即理解",然而我认为还是"他人无法理解我"这种解释最为自然。有观点认为,孔子被誉为圣人,普通人的看法一开始就无太大意义,把孔子的话理解为"即使别人不理解我,我也不生气"是对圣人的冒犯。这种观点有些多虑了。

"君子"最初的意思是指有身份的男子,从这句话起,它成了品格高尚的人的指称。"君子"是任何人只要努力就能达到的境界,在孔子所施行的教育中成为一个大致的目标。因

---

[1] 杜预所作注释指明了"习"的内容,可理解为"学习集会朝见君王的礼节"。——译者注

此，孔子对弟子们提出要求时，屡屡使用这一词汇，有时用成第二人称代词，意思为现代日语中的"諸君"①（参见《宫崎市定全集》[以下简称《全集》]第四卷第157页）。"諸君"这一日语词实际就是起源于此，是"诸君子"的省略语。

那么，"不亦君子乎"翻译为"希望各位能做到这样"是比较符合原文的。但是，考虑到原文是孔子在不断描述自己的心情，所以我将其翻译成了"我想当这样的人"。

2

有子曰。其为人也孝弟。
而好犯上者。鲜矣。不好犯上。
而好作乱者。未之有也。君子
务本。本立而道生。孝弟也者。
其为仁之本与。

【训】有子曰く、其の人となりや孝悌にして、上を犯すを好む者は鮮し。上を犯すを好まずして、乱を作すを好む者は未だこれ有らざるなり。君子は本を務む。本立ちて道生ず。孝悌なる者は、其れ仁の本たるか。

【新】有子说，为人孝敬父母、尊敬兄弟的人，社会生活中几乎不会抗逆长辈和上级；不会抗逆长辈和上级的人，也绝不会轻率地反

① "諸君"在现代日语中，意为各位、诸位、大家，是男性用来称呼地位与自己相当或比自己低的人群时使用的称谓，包含亲切的感觉。——译者注

抗君主作乱。希望各位努力做好根本，根本做好了，就自然能前进。孝敬父母、尊敬兄弟应视作人伦道德的根本啊。

大家对"为仁之本"的理解存在分歧，即这四个字在这里究竟是应该理解为"是仁的根本"，还是理解为"是为了做到仁的基本"。"仁"是最高道德，孝悌不能是"仁"的根本，成为比"仁"更高一级的概念。从顺序来看，它不过是为了做到"仁"的第一步。但是，在古典典籍中，可以找到很多"仁之本"之类三字连用的例子，比如在《墨子·尚同下》中有"尚同为政之本而治（之）要也"的用法。

"本"是根本，也有基础的意思。《老子》中就有"故贵以贱为本"这样的例子，意思是贵人的地位是在参照普通大众的基础之上而成立。有子认为，"仁"或者"人本理念"是在孝悌这种家庭道德的基础上成立的。

原始儒学提倡实践，这里不论理解为"是仁的根本"，还是理解为"是为了做到仁的基本"，实际上并没有太大区别。"仁"应该是通过实践做到的道德，没有不实践的"仁"。因此我认为，关于译法的问题，不如考虑哪种行文读起来更自然。中国宋代盛行唯心思想，在言及"仁""孝""悌"等时，都会被唯心地认为是像灵魂一样的存在，它们彼此独立、自我主张。因而，作为最高道德的"仁"，起初就是"仁"，而不是别的概念。说与"仁"完全属于不同类别的"孝"是"仁"的根本，就很难理解了。实际上，"仁"和"孝"都不是架空的存在，都是实在行为的总称，"孝"在"仁"中占据着重要部分也不足为怪。在一些场合，"孝"就相当于"仁"本身。在"阳货第十七"第455段中，宰我认为为双亲守丧三年时间过长，孔子批评他时，说的不是"不孝"，而是"不仁"。

3

子曰。巧言令色。鮮矣仁。

【訓】子曰く、巧言令色には、鮮いかな仁。

【新】孔子说，媚声媚气奉承讨好别人，则无法追求到"仁"这一最高道德。

与这部分完全相同的内容还出现在了"阳货第十七"第451 段中。这说明，《论语》由来于不同的几个部分，然后它们直接汇总在一起。编者在最后校对的时候出现了疏忽，没有剔除重复的部分。

4

曾子曰。吾日三省吾身。為人謀。而不忠乎。与朋友交。而不信乎。傳不習乎。

【訓】曾子曰く、吾は日に三たび吾が身を省みる。人の為に謀りて忠ならざるか。朋友と交わりて信ならざるか。習わざるを伝うるか。

【新】曾子说，每天三次反省自己所做过的事情。为别人出谋划策是否诚心诚意，和朋友交往时有没有敷衍不负责，有没有（向弟子们）传授不成熟的知识。

有的原文版本在"交"字后面还有一个"言"字，成为"交言"。但是，即便去掉"言"字，意思也基本不变，因为把握好下文"信"字的意义，就能正确理解原文的意思。

有理解认为，"传不习"这三个字的意思是受教于老师却不复习。但在《论语》中如果想表达这一意思，通常会用"传而不习"这种方式表达，"不"的前面有"而"字。

5

子曰。道千
乘之国。敬事而
信。节用而爱人。
使民以时。

【训】子曰
く、千乘の国を
道むるには、事
を敬みて信あり、
用を節して人を
愛し、民を使う
に時を以てす。

【新】孔子说，诸侯们在治理国家时应该尽量节制开拓新事业，遵守约法，节约经费，减轻租税，课百姓以力役要注意避开农忙时期。

"千乘之国"是指战车数量足以千计的军事强国。原则上，天子能统帅"万乘"战车，各大诸侯则只能有"千乘"战车。"事"这里指政府所开展的事业，如战争、演习、土木

工程、国家祭祀、诸侯游猎等。这些"事"没有不需要人民来负担的，爱民最具体的表现就是减轻租税。如果不得已需要兴建土木的话，原则上最好在农闲期的冬季进行。

6

子曰。弟子入則孝。出則弟。謹而信。汎愛眾而親仁。行有余力。則以学文。

【訓】子曰く、弟子、入りては則ち孝、出でては則ち悌、謹みて信あり、汎く眾を愛して仁に親しみ、行って余力あれば則ち以て文を学べ。

【新】孔子说，（学习中的）年轻人，在家中要孝敬父母，到了社会上要好好侍奉尊长，谨慎地遵守社会规则，广泛地与众人和睦相处，尤其要亲近诚实的人。实践如果还有余力，就去提高文化和修养。

7

子夏曰。賢賢易色。事父母能竭其力。事君能致其身。与朋友交。言而有信。虽日未学。吾必謂之学矣。

【訓】子夏曰く、賢を賢として色に易えよ。〕賢賢たるかな易の色や、とあり。父母に事えては能く其の力を竭し、君に事えては能く其の身を致し、朋友と交わり、言いて信あらば、未だ学ばずと曰うと雖も、吾は必ず之を学びたりと謂わん。

【新】子夏说，古话说蜥蜴会根据周围的环境改变颜色。这是比喻人在侍奉父母时要竭尽（作为孝子的）全力，侍奉君主时（作为忠臣）要不惜奉献生命，与朋友交往时（作为好友）要对说过的话负责任。这样的人即使世间认为他没有学问，我也认为这些实践本身就是学问，不惧断言他真正明白这句古话的内涵。

这一段是子夏的言论。即使是世间普遍认为不能算是有学问的人，如果他的行为合乎道义，这本身就能算作学问。这是非常符合《论语》特色的观点，反映出孔子思想最鲜明的特色。这在《论语》中随处都可感受到：给流传下来的并无太多内涵的话语赋予新的意义，并再次通过新的内涵来为人生目的和生活方式等命题指明答案。实际上，正是通过这种方式，儒家思想得以诞生（参考《全集》第四卷第 141 页）。我曾将注意力放在这一点上，在三十年前发表了题为《孔子在东洋史上的地位》的论文（《东洋史研究》第四卷第二号，收录于《全集》第三卷），这也正是我同《论语》亲密接触的开端。

8

子曰。君子不重则不威。学则不固。主忠信。无友不如己者。过则勿惮改。

【训】子曰く、君子重からざれば威あらず。学べば固ならず。忠信を主とし、己に如かざる者を友とするなかれ。過ては改むるに憚かること勿れ。

【新】孔子说，各位一定不能态度轻浮，否则会被他人轻蔑。学习学问要谨记不要固执己见，与朋友交往要诚心诚意。做不到这一点的人，不与他成为朋友也罢。有过失就应该及时承认。

9

曾子曰。慎终追远。民德归厚矣。

【训】曾子曰く、終りを慎しみ、遠きを追〔えば、〕うあり、民の徳、厚きに帰〔す。〕せしかな。

【新】曾子说，古话说要仔细看护照料年迈的双亲，不忘远古祖先的恩惠。（那个时代的）民风真是醇厚啊。

　　这恐怕是曾子在向弟子们解释《诗经》或者《书经》①之类古典著作的内容。当然，这是每当有机会闲谈时才能听到的内容，而不是像后世一样坐在桌子前面朗读。

　　到了后世，凡是这种内容全都变成了说教的形式。前一句表明原因，后一句表明由此导致的结果，这种形式实在是

① 即《尚书》。——译者注

人为造作的，生硬感过于显目，失去了自然的感觉。之后，儒学的形象被塑造成了既不合情也不合理的冥顽的所谓道学风。虽说儒家思想中确实有这样一面，但是儒学起初绝没有那么顽固。无可救药的顽固，是从训诂学开始的。

10

子禽问于子贡曰。夫子至于是邦也。必闻其政。求之与。抑与之与。子贡曰。夫子温良恭俭让以得之。夫子之求之也。其诸异乎人之求之与。

【训】子禽、子贡に問うて曰く、夫子の是の邦に至るや、必ずその政を聞く。之を求めたるか、抑も之を与えられしか。子貢曰く、夫子は温良恭儉讓にして以て之を得たり。夫子の之を求めしや、其れこれ、人の之を求むると異なるか。

【新】子禽向子贡请教：老师（孔子）到某国去，一定会参与该国的国政，究竟是老师主动请求这样做的呢？还是他受他人之请呢？子贡说，老师为人温厚、善良、恭顺、俭朴、谦让，自然而然得到如此高的地位。就算是老师的主动请求，那么他的请求方式也应该与其他人完全不同吧。

子贡所说的"温良恭俭让以得之"，出现在后世的文章中时，训读一般断句为"温良恭俭、让以得之"，即前四个字用来指孔子的人品，后面的"让"字用来形容他的行为乃至态度，是另一个意义层面的内容。然而，《论语》成书时，四

字一节的断法尚未出现，而且也不存在将温良、恭俭两字两字断开，分别当作道德类别的熟语式理解。因此，这里将这五个字当成五种美德来解释应该最为自然。与此类似，在第440段中"恭宽信敏惠"被当作五个并列单位对待，第498条中出现了"五美"这一表达。

<u>11</u>

子曰。父在观其志。父没观其行。三年无改于父之道。可谓孝矣。

【训】子曰く、父在すときは其の志を観、父没すれば其の行を観る。三年父の道を改むることなし。孝と謂うべきなり。

【新】孔子说，父亲在世时尊重他的意向，父亲去世了则回忆父亲生前的作为。如果能遵循父亲生前的人生道路三年不变，则可以算作孝。

可以看出，中国从这一时代起，就已经是这种情况了——父亲在世时，子女不具有行动的自由，要按照父亲的命令行动。然而孔子还提出了更进一步的要求，即不仅要在表面上对父亲忠实，还必须要认真体察父亲命令的意思，努力去顺从父亲的意思。如果父亲去世了，就没有人提出命令，

全凭自己的意志行动了，这时也要一边考虑在某种特定场合父亲是如何做的，一边付诸行动。守丧三年不改变父亲的方针，如果能做到这一点，就是及格的尽孝。

<u>12</u>

有子曰。礼之用。和为贵。先王之道斯为美。小大由之。有所不行。知和而和。不以礼节之。亦不可行也。

【训】有子曰く、礼をこれ用うるには、和を貴しと为す。先王の道も斯を美と為せり。小大にこれに由らば行われざる所あればなり。和を知りて和するも、礼を以て之を節せざれば、亦行うべからざるなり。

【新】有子说，实践"礼"时，妥协很重要。三代①政治的成功，在这一点上体现得最为显著。因为，如果所有事情都按照"礼"的规则一五一十执行的话，会出现行不通的情况。（与此相反）如果一味妥协、只为顺利行事毫无阻碍，而不细究"礼"的规则，也会导致行不通的情况。

解释古代典籍时，毫无疑问必须从字面意思开始，但是，像"斯""之"这类字眼，则需要另外讨论。考虑其意思时，

---

① 该词在汉语和日语中均可用来特指中国古代"夏""殷（商）""周"三个朝代。——译者注

要结合前后文以及全文的构思后才能下结论。应该从一个完全自由的立场出发，不应拘泥于训诂学、宋学、考证学的形式当中，而越是关于"礼"的主题，就越是需要注意这一点，因为，汉代以后的儒学，深受由荀子的理论体系所延伸出来的"礼万能论"的影响。对于我这样给"礼"的效用设限的译法，想必汉代以后的古代学者只会认为极为荒诞。然而，从全文的构成来看，这里如果不解释为不能让"礼"与"和"相对立而偏向其中一方，原文的意思就讲不通了。

孔子所重视的与其说是"礼"的形式，不如说是"礼"的内容和意义。在"礼"的精神当中，"和"占据了非常重要的位置。如果认为原文把"礼"的外在形式用"礼"这个字表示，而用"和"这个字代表"礼"的内涵，认为是对照两者来解释实际应用礼时的道理，那么这个内容就好理解了。

"斯为美"的"斯"指代上两句的"礼之用、和为贵"。"小大由之"的"之"指的是礼。"以礼节之"的"之"指的是"和"。

13

有子曰。信近于义。
言可复也。恭近于礼。
远耻辱也。因不失其亲。
亦可宗也。

【训】有子曰く、信は義に近ければ、言うこと復すべきなり。恭は礼に近ければ、恥辱に遠ざかるなり。因にて其の親を失わざれば、亦た崇ぶべきなり。

【新】有子说，与朋友交往时，如果不背离正义，他的话就是可以信赖的。对于尊上，如果没有背离礼义，就不会给自己招来耻辱。即使会被看成是因循守旧，我仍主张这种一直以来的交往方式，因为它还有被赞赏的价值。

"信"是基于平等立场上的与人交往之道，"恭"是指对尊上权力者的侍奉之道。"復"（复）字可能是"履"字失掉了尸字头。虽然现在的"履"字写法原来并不存在，但是"履"字原初的字形过于复杂，容易被错写为其他字形也不难理解。

关于"因"字，自古以来有各种理解。有的当作"借由""依靠"的解释；有的当作"姻"，意指这样的教诲——即使迎来新的亲人，也不要冷漠原来的亲人。在此，我当作"因循"的"因"解释。

14

子曰。君子食无求饱。居无求安。敏于事而慎于言。就有道而正焉。可谓好学也已。

【训】子曰く、君子は食に飽くを求むるなく、居に安きを求むるなし。事に敏にして言に慎しみ、有道に就いて正す。学を好むと謂うべきのみ。

【新】孔子说，各位不要一吃饭就一定吃饱，一有闲暇就贪图安逸，要争先恐后去着手工作，尽量控制嘴里出来的话，多向有德行、有经验的人寻求意见，作为反省的材料。如果能做到这些，我就称他是一个好学的人。

"居"字包含不工作而赋闲的意思。孔子的学园采取一种徒弟制度，弟子们交替值班做杂活，所以会有无事可做的时候，但这个时间不能用来睡觉。有时候，会有像宰我这种成心耍滑的弟子，一心要白天睡觉，被孔子狠狠训斥（参见第101 段）。"敏"指肯吃苦受累，勤奋工作。工作上全力以赴，却不多说话，是孔子的一贯主张。"有道"意思就是"有德"，向有功劳的前辈们请教是最有效果的方法（参见《全集》第四卷第 169 页）。

15

子贡曰。贫而无谄。富而无骄。何如。子曰。可也。未若贫而乐道。富而好礼者也。子贡曰。诗云。如切如磋。如琢如磨。其斯之谓与。子曰。赐也。始可与言诗已矣。告诸往而知来者。

【训】子貢曰く、貧にして諂う
なく、富みて驕るなきは何如。子曰
く、可なり。未だ貧にして道を楽し
み、富みて礼を好む者に若かざるな
り。子貢曰く、詩に云う、切するが
如く磋するが如く、琢するが如く磨
するが如し、と。其れ斯れの謂い
か。子曰く、賜や、始めて与に詩を
言うべきのみ。これに往くを告げ
て、来るを知る者なればなり。

【新】子贡说，贫穷却不谄媚富人，富裕却不骄矜，能做到这一点怎么样？孔子说，那是可以的，但是更希望贫穷的人不受贫穷影响，积极探寻生活方式而获得满足；富人不强调自己的财富，而时刻注意过谦逊的生活。子贡说，《诗经》中说（人生学习）就像切断象牙以后再用金刚砂仔细打磨一样，就像雕刻以后用砥草研磨至润滑一样。听了您的一番话，我明白了这句诗的意思。孔子说，子贡啊，你应该有学习《诗经》的资格了啊。你有只要稍微指点一下就能充分领悟道理的才能。

中国的各个版本中"贫而乐"的后面没有"道"这个字，这里按照传到日本后补上"道"字的版本比较好。"切磋"和"琢磨"都是指在粗略切削之后再精美加工至成品的过程。子贡所说的话就像粗略切削，经过孔子之手打磨加工以后变成了深刻的学习道理，因而子贡对老师非常佩服。

16

子曰。不患人之不己知。患不知人也。

【训】子曰く、人の己を知らざるを患えず、人を知らざるを患うるなり。

【新】孔子说，别人不了解自己并不让人困扰，自己不了解别人才是让人困扰的事。

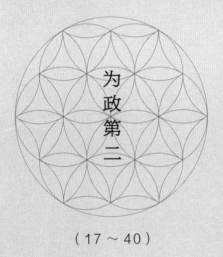

为政第二

（17 ～ 40）

17

子曰。为政以德。譬如北辰居其所。而众星共之。

【训】子曰く、政を為すに徳を以てす。譬えば北辰の其の所に居りて、衆星の之に共うが如きなり。

【新】孔子说，有言道，治理好政事需要发挥好德的作用，就像北极星一直在它的位置丝毫不变，而众星以它为中心旋转一样。

"为政以德"四个字恐怕是古话，用来指有德的君主所施行的政治。这样的君主不必忙忙碌碌地四处活动，百官和人民就能体会君主的用意，而各自投身到自己的工作中去，正如宇宙中的星星以北极星为中心旋转的状态一样。

18

子曰。诗三百。一言以蔽之。曰思无邪。

【训】子曰く、詩は三百、一言にして以て之を蔽えば、曰く、思い邪なし。

【新】孔子说，《诗经》内容有三百篇，用一句话来概括的话，可以说是心中没有邪念吧。

"思无邪"三个字从现存的《诗经》来看，来自《鲁颂·驷》篇中的一句话。这里也可以将"思"当作没有实际意义的虚词来理解。

19

子曰。道之以政。齐之以刑。民免而无耻。道之以德。齐之以礼。有耻且格。

【训】子曰く、之を道くに政を以てし、之を齐うるに刑を以てすれば、民免れて耻なし。之を道くに德を以てし、之を齐うるに礼を以てすれば、耻ありて且つ格し。

【新】孔子说，若用政治权力来让人民活动，用刑罚来管束人民，人民只会挖空心思琢磨如何钻空子，并不会对罪恶有足够的认识；而用正义来让人民活动，用礼仪来管束人民，人民就会重视廉耻，发自心底端正做人。

20

子曰。吾十有五而志于学。三十而立。四十而不惑。五十而知天命。六十而耳顺。七十而从心所欲。不逾矩。

【训】子曰く、吾れ十有五にして学に志し、三十にして立ち、四十にして惑わず。五十にして天命を知り、六十にして耳順う。七十にして心の欲する所に従って矩を踰えず。

【新】孔子说，我在十五岁时决心踏入学问的道路，三十岁获得了自信，四十岁时已经无所畏惧，五十岁时知道人的能力是有界限的，六十岁时不论听到什么都不会生气了，七十岁时不论做什么都既不会不努力，也不会过度了。

这一部分可以说是孔子晚年回顾自己一生时的简单自叙，着实广为人知。然而，历来的解释都是从将孔子尊崇为祖师爷的角度出发的，其历史真实性究竟如何，我表示怀疑。就是说，一直以来都认为孔子的心境是由于他不断提高修养，随着年龄增长而不断成熟、日臻完善，但实际上人生的节奏并不是无限地直线上升的。当时的七十岁，是罕见的长寿，放在平均寿命大幅增长的现在，或许应该相当于九十岁或者一百岁。换句话说，这意味着人生有了圆满的结局。在这种情况下，人生轨迹多半会描绘出抛物线。或许有人说，会有一些从未感到过年事渐衰的艺术家或学者，我大抵是不相信的，因为这其中很多都是阿谀之言。

描绘孔子一生的抛物线的顶点，应该是他五十岁知天命的时刻。虽曰天命，但在孔子的时代，"天"还没成为执行

正义的神明，是完全未知且具有恐怖力量的存在。不管如何发挥人所能尽的力量，也总会有些不可知的原因，使事情不会按照设想的一样进展。这就是天命、天的作用。虽说如此，却不能放弃努力。将成败置之度外的奋斗，是孔子最终领悟到的境界。难道还有比这更高的人生境界吗？

"耳顺""不逾矩"，是孔子认识到自己的体力、精力的衰弱而发出的感叹。最好的证明在第 152 段，他感慨自身的衰老，因而说出"我很长时间没有梦到周公了啊"。不生气绝不是美德，但也不能说对待什么事情只要发火就好，因为发火也有很多类型。不过度也是同样的道理，其美德在于能够凭借意志力做到自制。如果总是自然状态下的不过度，就会变得像不能流通血液的机械一样。

关于"天"的意义，请参见拙作《中国古代的天、命和天命思想》（《史林》第四十六卷第一号，收录于《全集》第三卷）。

21

孟懿子問孝。子曰。无違。樊遲御。子告之曰。孟孫問孝於我。我對曰。无違。樊遲曰。何謂也。子曰。生事之以禮。死葬之以禮。祭之以禮。

【训】孟懿子、孝を問う。子曰く、違うこと無かれ、と。樊遲御たり。子これに告げて曰く、孟孫、孝を我に問いしに、我対えて、違うこと無かれと曰えり。樊遲曰く、何の謂ぞや。子曰く、生きては之に事うるに礼を以てし、死しては之を葬むるに礼を以てし、之を祭るに礼を以てせよとなり。

【新】孟懿子请教尽孝的方法。孔子回答说，不要做违逆的事。樊迟当车夫驾车而归的途中，孔子跟他搭话说，孟孙向我请教孝行的方法，我告诉他不要做违逆的事情。樊迟问，不要违逆什么呢？孔子说，父母在世时侍奉他们不要违背礼，父母去世后给他们送葬不要违背礼，祭祀他们的时候不要违背礼。

22

孟武伯问孝。子曰。父母
唯其疾之忧。

【训】孟武伯、孝を問う。子曰く、父母は唯だ其の疾をこれ憂う。

【新】孟武伯请教什么是孝。孔子说，让父母保持健康是最大的孝行。

关于这一处，有人认为，意思是使父母唯其疾是忧，生病时感到担忧是不可避免的，除此之外，不应该再让父母担忧。但这种解释总让人觉得不是朴素自然的想法。

23

子游問孝。
子曰。今之孝者。
是謂能養。至于犬
馬。皆能有養。不
敬。何以別乎。

【训】子游、
孝を問う。子曰
く、今の孝なる者
は是れ能く養うを
謂う。犬馬に至る
まで、皆な能く養
うことあり。敬せ
ずんば何を以て別
たんや。

【新】子游请教孝的问题。孔子说，好像按如今的想法，孝行就是喂养。考虑一下就知道，连狗和马都会被仔细喂养。如果不心怀尊敬来奉养的话，就不能称之为孝行。

有观点认为，上面的解释将父母与动物做比较是不道德的。我起初想译为：就连狗和马都会供养它们的父母，只是在不知道心怀尊敬这一点上和人是不同的。虽然不能说完全没有狗和马会供养父母这种事，但这种译法多少有些神经质，所以我并未采用。而采用现在这种将父母与犬马做比较的形式，也并不是想主张对两者同等待遇，而是觉得两者正应该加以区分。

24

子夏問孝。子
曰。色難。有事。
弟子服其勞。有酒
食。先生饌。曾是
以為孝乎。

【训】子夏、
孝を問う。子曰
く、色難し。事あ
れば弟子その勞に
服し、酒食あれば
先生に饌す。曾わ
ちこれを以て孝と
為すか。

【新】子夏请教孝的方法。孔子说，难在子女的脸色所营造的氛围上。两人一起干活时，年轻的一方从事费心劳力的工作，吃饭时把美味可口的食物让给年长的一方。对父母只能做到这种程度的话，我很难认为是做到了孝。

25

子曰。吾与回言。终日不违如愚。退而省其私。亦足以发。回也不愚。

【训】子曰く、吾、回と言う。終日違わず、愚なるが如し。退いて其の私を省すれば、亦以て発するに足る。回や愚ならず。

【新】孔子说，我和颜回相会交谈，他整天都说是是是，我总觉得愚蠢。但是，观察他出去后独处时的样子，就会明白他确实是理解了我所讲的内容。其实那并不是愚蠢。

26

子曰。视其所以。观其所由。察其所安。人焉廋哉。人焉廋哉。

【训】子曰く、其の以てする所を視、其の由る所を観、其の安んずる所を察すれば、人焉んぞ廋さんや。人焉んぞ廋さんや。

【新】孔子说，关注那个人所做的事情，看清他行动的由来，察知他对什么感到安心。这样的话，即使他想藏匿自己的本性也藏匿不住，于是便能看清他内心深处。

子曰。温故而知新。可以为师矣。

【训】子曰く、故きを温ねて新しきを知れば、以て師と為るべし。

【新】孔子说，如果不能做到研究旧的内容再从其中提炼出新的知识，则不能成为老师。

子曰。君子不器。

【训】子曰く、君子は器ならず。

【新】孔子说，各位可不要成为器械啊。

29

子贡问君子。子曰。

先行。其言而后从之。

【训】子貢、君子を
問う。子曰く、先ず行え。
其の言は而る後にこれに
従う。

【新】子贡问，我们应该为了什么而努力。孔子说，首先要行动，语言放在行动之后才好。

30

子曰。君子周而不比。

小人比而不周。

【训】子曰く、君子は周
して比せず、小人は比して周
せず。

【新】孔子说，希望各位能够不分厚薄彼此地广泛交往，千万不要拉帮结派、相互斗争。

子曰。学而不思则罔。思而不学则殆。

【训】子曰く、学んで思わざれば罔し。思って学ばざれば殆うし。

【新】孔子说，若一味地学习而不思考，就没有自己的见解；若光是思考而不接受学习，则会使自己陷入巨大的误区。

这句话言中了教育和研究的精髓，是贯通千古的真理。教育，简言之是帮助后辈提高到全人类所进化到的当下水平的手段。换言之，对个体重复建立认知系统这一过程来说，教育就是一种帮助。如果轻视这种帮助存在的意义，完全凭借个人的力量来实现的话，会产生浪费大量时间和精力的风险。

从前有一位农村青年非常喜欢数学，小学毕业后，他一边务农一边钻研数学。后来他向镇中学的教师报告说，自己花了十年时间，取得了重大发现。结果那只不过是二元一次方程组的解法，是进入中学阶段以后花一个小时就能学会的内容。把这些精力更加有效地使用在其他方面，也许能真正做出有益的研究。

32

子曰。攻乎异端。斯害也已。

【训】子曰く、異端を攻むるは、斯れ害なるのみ。

【新】孔子说，模仿新的潮流，只会变成祸害。

"异端"的"异"是相对于常态的、异常的"异"，"端"是相对于根本的、末端的"端"。将其译为潮流，是因为儒家思想认为，根本的正道是永远不变的，超出、延展的部分则随着时代不停浮沉。第475段里能见到"小道"这种提法，"异端"是比它更加细枝末节的东西。

33

子曰。由。诲女知之乎。知之为知之。不知为不知。是知也。

【训】子曰く、由や、女に之を知るを誨えんか。之を知るをば之を知ると為し、知らざるを知らずと為す。これ知れるなり。

【新】孔子对子路说，仲由啊，我来告诉你什么是"知"吧。知道的事就承认知道，不知道的事就承认不知道，这就是"知"。

"是知也"针对的是前两个分句整体。清楚"知道"和"不知道"的界限，就可以说是对凡事都有了一个了解。这是千古不变的真理。不论在哪个学问领域，知道自己究竟了解到什么程度的人，往往是该领域的头号人物。

34

子张学干禄。子曰。多闻阙疑。慎言其余。则寡尤。多见阙殆。慎行其余。则寡悔。言寡尤。行寡悔。禄在其中矣。

【训】子张、禄を干むるを学ばんとす。子曰く、多く聞きて疑わしきを闕き、慎んで其の余を言えば尤め寡なし。多く見て殆うきを闕き、慎んで其の余を行えば悔い寡なし。言って尤め寡なく、行って悔い寡なければ、禄その中に在り。

【新】子张请教提高俸禄的秘诀。孔子说，如果能广泛地听取意见，保留有疑问的部分，而只说出确定的内容，且出言慎重，则很少会受到非难；如果能广泛地观察，保留可疑的部分，而只将有自信的事情付诸实践，则很少有弄糟的情况。在言论上很少受到非难，在实践上很少事后后悔，俸禄就自然而至。

35

哀公问曰。何为则民
服。孔子对曰。举直错诸
枉。则民服。举枉错诸直。
则民不服。

【训】哀公問うて曰く、
いかにすれば則ち民服せん。
孔子対えて曰く、直きを挙
げて、これを枉れるに錯け
ば民服せん。枉れるを挙げ
て、これを直きに錯けば、
民服せざらん。

【新】哀公问孔子，如何做才能使国民心悦诚服？孔子回答说，如果能任用正直的人，以他们为模范，让不端正的人改正，国民就会心悦诚服。如果任用不端正的人，以他们为标准来使正直的人屈节，国民则绝不会心悦诚服。

36

季康子问使民敬忠以
劝。如之何。子曰。临之以
庄则敬。孝慈则忠。举善而
教不能则劝。

【训】季康子、民をし
て敬忠にして、以て勧めし
めんにはこれを如何せんか
と問う。子曰く、之に臨む
に荘を以てすれば敬し、孝
慈ならしむれば忠なり。善
を挙げて不能を教えしむれ
ば勧まん。

【新】季康子问，如何做人民才会敬爱君主，积极勤勉地工作呢？孔子说，君主充满自信地面对人民，就会受到人民的尊敬；人民的家庭生活圆满，就会敬爱君主；任用善良的人，教化能力不足的人，则人民自然会变得热爱劳动。

"敬忠以劝"这四个字大概是古代典籍中的一句。季康子询问如何能恢复这种古代的理想世态。"孝慈"是指子女对父母孝敬，父母对子女慈爱，双方互相奉献出爱的状态。毫无疑问，要使这种状态成为可能，必须要有保证人民经济生活安定的政治。"劝"在这里是指互相激励的意思。

37

或謂孔子曰。子奚不为政。子曰。书云孝乎惟孝。友于兄弟。施于有政。是亦为政。奚其为不为政。

【训】或るひと孔子に謂いて曰く、子は奚すれぞ政を為さざるや。子曰く、書に云う、孝なるか惟れ孝、兄弟に友なり、有政に施す、と。是れ亦た政を為すなり。奚すれぞ其れ政を為〔すを〕さずと為さんや。

【新】有人问孔子，先生您为什么不参与政事啊？孔子说，《书经》上说，对待父母尽力尽孝，对待兄弟友爱，会对政治起到很大的作用。并不是只有去当政治家，才算是参与政治。这样看来，也不能说我没有参与政治啊。

"有政"的"有"是没有意思的虚词，这里的作用是凑成四字一句的形式。"奚其为为政"的两个"为"字中间，明显漏掉了"不"字，我在原文中将其补充上了。如果没有这个字的话，意思就变成"不为政"了，联系上文的"是亦为政"来看，逻辑矛盾。这里想表达的是，只谈政治并不是政治，也并不是只有当政治家才是参与政治（参见《全集》第四卷第 105、128、134、230 页）。

38

子曰。人而无信。不知其可也。大车无輗。小车无軏。其何以行之哉。

【训】子曰く、人にして信なくんば、其の可なるを知らざるなり。大車に輗なく、小車に軏なくんば、それ何を以て之を行らんや。

【新】孔子说，如果人失去信用的话，到哪里都派不上用场。就像马车没有车辕、大板车没有车把一样，没有办法拖着它前进。

"不知其可"的"可"与形容才能出众的人的谚语"行无不可，无往不利"中的"可"意思相同。在中国古代，车都是用牛马拉的，"辊"和"轵"都属于车辕①的端部，只是安装在大车和小车上的有所不同。为了方便理解，我将其翻译成为小车和大板车，但实际上，在古代中国基本看不到用人力拉的车。靠推的人力车，只有江州车②这一种。

39

子张问。十世可知
也。子曰。殷因于夏礼。
所损益。可知也。周因于
殷礼。所损益。可知也。
其或继周者。虽百世。可
知也。

【训】子张問う、十世
知るべきか。子曰く、殷
は夏の礼に因る、損益す
る所知るべきなり。周は
殷の礼に因る、損益する
所知るべきなり。其れ周
を継ぐ者あらんに、百世
と雖も知るべきなり。

【新】子张问，您知道十个朝代以后的事情么？孔子说，殷朝继承了夏朝的制度，因为增减的内容都是些不重要的部分，所以得以知

---

① 车前拴住牲畜使其拉车的两根直木，或用作人拉车的把手。——译者注
② 一种手推的独轮车，便于山地运输，相传为诸葛亮发明。——译者注

晓。接下来周代继承了殷朝的制度，因为增减的内容都是些不重要的部分，所以得以知晓。想必也会有继承周代的时代出现，从而可以知道，即使是百代以后，重要的内容也不会改变。

40

子曰。非其鬼而祭之。谄也。见义不为。无勇也。

【训】子曰く、其の鬼に非ずして之を祭るは諂いなり。義を見て為さざるは勇なきなり。

【新】孔子说，祭拜不是自家的佛，毫无疑问是有利益诉求。理应出手的时候却不出手，便是懦弱。

"鬼"指的是灵魂，与日语中"佛"所指的意象最为相似。这种想法有些时代错误，还请读者见谅。一旦祭拜了不是自己家的佛，将其赶走肯定就需要很大的勇气。

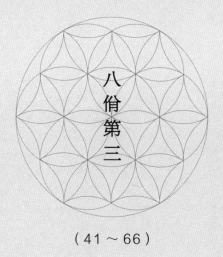

八佾第三

（41～66）

41

孔子謂季氏。八佾
舞于庭。是可忍也。孰
不可忍也。

【訓】孔子、季氏
を謂う、八佾を庭に舞
す。是れにして忍ぶ可
くんば、孰れをか忍ぶ
べからざらんや。

【新】孔子谈论季氏时说，作为大将军的家臣，公然在庭院里奏起应该用来称颂天子一家之德的八佾舞乐，他如果这都能毫不在意，那在外面能做出多么受人非议的僭越之事啊。

八佾是指横竖各八列、共六十四人组成队伍而进行的舞乐。大将军有组成六六三十六人舞阵的资格，相当于其家臣的季氏本来只被允许组成四四十六人的舞阵。

42

三家者以雍彻。子
曰。相維辟公。天子穆
穆。奚取于三家之堂。

【訓】三家者、雍を
以て徹す。子曰く、相く
るは維れ辟公、天子は穆
穆たり、とあり。奚んぞ
三家の堂に取らん。

【新】鲁国君主家臣的三家，使用天子的音乐《雍》来结束祭祀。孔子说，《雍》中有这样的内容：诸侯中有周公、召公等陪伴左右，辅佐祭典，德高望重的天子周成王则庄严肃穆地坐在那里。三家究竟认为自家庙堂上是什么人物？

《雍》收录于现存《诗经·周颂》中。"奚取"意思是，究竟有什么好处呢，这么做简直像只猴子学人模样一般，真是天大的笑话（参见《全集》第四卷第135页）。

43

子曰。人而不仁。如礼何。人而不仁。如乐何。

【训】子曰く、人にして不仁ならば、礼を如何。人にして不仁ならば、楽を如何。

【新】孔子说，薄情寡义的人学习"礼"有什么用呢！草包废物学习"乐"有什么用呢！

44

林放问礼之本。子曰。大哉问。礼与其奢也宁俭。丧与其易也宁戚。

【训】林放、礼の本を問う。子曰く、大なるかな問いや。礼は其の奢らんよりは寧ろ倹なれ。喪は其の易わんよりは寧ろ戚め。

【新】林放询问"礼"的本质是什么。孔子说，真是个难题。只能说，"礼"的形式很容易流于讲究排场，但更应该将勤俭节约放在心上。尤其是葬礼，与其装点面子，莫如尊重丧主的心情。

45

子曰。夷狄之有君。不如诸夏之亡也。

【训】子曰く、夷狄だも君あり、諸夏の亡きが如くならず。

【新】孔子说，听说文化落后的夷狄 ① 如今也确立了主权，反而是中国如今陷入了无政府的状态。

将这一部分解释为：即使没有君主，中原也胜过夷狄，也不失为有力的阐释。事实上，《论语》中有很多时候将"不如"二字训读为"しかず"，但至少有一处（第491段），清楚地使用了"如くならず"，所以，此处亦同样处理无妨。而且，将其理解为与第218段孔子不想居于九夷的想法属于同一感叹，就更好接受了。

46

季氏旅于泰山。子谓冉有曰。女弗能救与。对曰。不能。子曰。呜呼。曾谓泰山不如林放乎。

【训】季氏、泰山に旅す。子、冉有に謂いて曰く、女救う能わざるか。対えて曰く、能わず。子曰く、嗚呼、〔曾〔すな〕わち泰山は林放に如かずと謂えるか。〕曾て泰山を謂うこと、林放の如くならざりしか。

【新】鲁国君主的家臣季氏曾模仿鲁公去泰山举行祭祀。孔子对冉有说，作为季氏的管家，你不能制止这种行为吗？冉有回答说，我做不到。孔子说，唉，你以前也和林放谈论过关于泰山的"礼"啊，当时你不是和林放的意见一致吗？

---

① 古称东方部族为夷，北方部族为狄。常用以泛称除华夏族以外的各族。——译者注

一般将"泰山不如林放"这六个字连起来理解为泰山的神灵比林放还轻，但是将泰山和孔子的弟子林放比较轻重，怎么考虑都觉得不协调。冉有和林放都是孔子的弟子，孔子想起两人曾经轻松地谈过祭祀泰山的礼节，这里理解为以林放为例证来责备冉有比较自然。

出现将泰山的神灵与林放做比较这种不自然的理解，体现了儒家思想的官僚化。儒学一旦成为朝廷的御用学问，则孔子也被授予王爵、公爵的地位，在其弟子当中也就产生了阶级。亚圣、十哲、七十二弟子等巩固孔子周围的等级体系得以形成，冒犯这种阶级变得越来越不被允许。话说回来，冉有在十哲中也算比较有地位的，林放的名字在《论语》中也只在此处出现了一次而已，在《史记·仲尼弟子列传》中并没有被记载。这样看的话，作为十哲的冉有被看得比林放都不如，似乎就有欠妥当，而将泰山与林放相比的理解则更加不妥。

47

子曰。君子无所争。必也射乎。揖让而升。下而饮。其争也君子。

【训】子曰く、君子は争う所なし。必ずや射か。揖譲して升り、下りて飲む。其の争いや君子なり。

【新】孔子说，各位最好不要争强好胜。要争的话，就在弓术上比试一下吧，上场时恭敬地遵守礼法，结束后输的一方饮酒认输。不论是赢还是输，都要光明正大地竞争。

48

子夏问曰。巧笑倩兮。美目盼兮。素以为绚兮。何谓也。子曰。绘事后素。曰。礼后乎。子曰。起予者商也。始可与言诗已矣。

【训】子夏、問うて曰く、巧笑倩たり、美目盼たり、素以て絢と為す、と。何の謂いぞや。子曰く、絵事は素の後にす。曰く、礼は後なるか。子曰く、予を起す者は商なり。始めて与に詩を言うべきのみ。

【新】子夏请教说，《诗经》中所说的笑唇可爱，媚眼美丽，抹上脂粉，涂上口红，到底是想表达什么呢？孔子说，在绢上绘画，首先必须要漂白绢。子夏说，那么礼节就是最后的润色。孔子说，说得好，我没有想到你对《诗经》有此深刻的理解。

49

子曰。夏礼吾能言之。杞不足征也。殷礼。吾能言之。宋不足征也。文献不足故也。足则吾能征之矣。

【训】子曰く、夏の礼は吾能く之を言わんとするも、杞は徴するに足らざるなり。殷の礼は吾能く之を言わんとするも、宋は徴するに足らざるなり。文献の足らざるが故なり。足らば吾能くこれを徴せん。

【新】孔子说，关于夏朝的制度我还想再详细说一下，作为其后裔的杞国当今的制度并不能作为其依据。关于殷代的制度，我也想再详细了解一下，但是作为其后裔的宋国当今的制度也不能作为其依据。这都是因为文献不足的缘故啊！如果有的话，我想自己确认一下。

50

子曰。禘自既灌而往者。吾不欲观之矣。

【训】子曰く、禘は既に灌してより而往は、吾、之を観るを欲せず。

【新】孔子说，禘的祭祀中灌的仪式结束后的内容，我并不想看。

"禘"是包括鲁的祖先、周的王室在内的极为隆重的仪式。"灌"接近仪式的尾声部分，此时敬香火、洒酒水来请回祖先的灵魂。大概其后的内容是很多祭祀活动中都常有的不拘礼节的宴会。

51

或问禘之说。子曰。不知也。知其说者之于天下也。其如示诸斯乎。指其掌。

【训】あるひと禘の説を問う。子曰く、知らざるなり。其の説を知る者の天下に於けるや、其れこれを斯に示すが如きか、と。其の掌を指せり。

【新】有人请孔子说明禘。孔子指着自己的手掌说，我并不清楚。如果有清楚的人的话，他会把天下像放在这里一样展现给我看吧。

看字面的解释应该没有不懂的地方，但是原文本来想表达什么含义？能将天下放在手掌上向人说明展示的，想来只可能是天子。于是，我是这样臆测的，禘或许本来是天子的祭礼，其最重要的一点在于，天子在深夜里屏退所有侍从，独自极其隐秘地执行的秘密仪式，是用来与天神交流从而证明正统天子特权的仪式。孔子特意为了回避"天子"这一用语采用了委婉的表达。

52

祭如在〔○〕祭。神如神在。子曰。吾不与。祭〔○〕如不祭。

【训】〔祭ることの在すが如く、神を祭ること神在すが如くす。子曰く、吾祭に与からざれば、祭らざるが如し。〕祭ること祭に在るが如くすれば、神は神在すが如し、とあり。子曰く、吾与からざれば、祭るも祭らざるが如きなり。

【新】古话说，举行祭祀时如果满怀虔诚，会感觉神祇就在现场。对此，孔子又在后面加了一句话说，自己要是不参加祭祀，就和不祭祀没有两样。

"祭如在祭神如神在"这八个字，历来都是划分为前三字后五字来读。考虑到《论语》中引用古语时最多的情况是四字句，这里划分为两个四字句比较自然。而且按前三后五的读法，后面五个字没有作为句子的独立性。若只把"神"这个字加入前半句的话，前半句的意思就变得暧昧，后半句就变得冗长多余了。相比而言，当作四字句来读的话，很自然就会理解成，用虔诚的心情祭祀，神明就会降临在那里，祭祀的目的就得以达成。孔子为了配合前文"祭如在祭"的语感，才在后面附加内容时说"祭如不祭"（参见《全集》第四卷第 127、230 页）。

<u>53</u>

王孙贾问曰。与其媚于
奥。宁媚于灶。何谓也。子
曰。不然。获罪于天。无所
祷也。

【训】王孫賈、問いて曰
く、其れ奥に媚びんよりは、
寧ろ竈に媚びよ、とは何の
謂いぞや。子曰、然らず。
罪を天に獲れば、禱る所な
きなり。

【新】王孙贾问，俗话说到内宅去拜访奉迎，不如去厨房奉承，您怎么看这句话？孔子说，我相信的是另外一句谚语，要是惹得老天爷不高兴，到哪儿去也讨不到好。

<u>54</u>

子曰。周监于二
代。郁郁乎文哉。吾
从周。

【训】子曰く、周
は二代に監みて、郁
郁として文なる哉。吾は
周に従わん。

【新】孔子说，周的制度是在继承夏、殷两代传统的基础上繁荣起来的，我认为周是最好的。

55

子入太廟。每事問。或曰。
孰謂鄹人之子知礼乎。入太廟。
每事問。子聞之曰。是礼也。

【训】子、太廟に入り、事ごとに問う。或るひと曰く、孰れか謂う、鄹人の子礼を知ると。太廟に入りて事ごとに問えり。子これを聞きて曰く、これ礼なり。

【新】孔子每次去太庙辅佐祭祀鲁国祖先的祭典时，都会十分仔细向老辈询问请教。有人看到后这样说，谁说那个从鄹来的小青年被称作是"礼"的老师？哪里是嘛！从太庙的边上就开始问个不停。孔子听到后回答说，这就是"礼"啊！

孔子生于鲁国的一个叫作鄹的镇。这里用鄹人来指代孔子是轻视用语。孔子的最后一句话"是礼也"一般被理解为：这是已经定好的礼节形式。其实并不应该这样理解。大概是孔子最初参加祭祀时，为了保证没有疏忽，在请教前辈的基础上才采取行动。礼没有固定的形式。慎而又慎以期不会失误，这才真正是礼的精神吧。礼并不是形式的传统，而是其中所包含的精神。这非常符合孔子的思想特色。

56

子曰。射不主
皮。为力不同科。古
之道也。

【训】子曰く、
射は皮を主とせず。
力を為すに科を同じ
くせず。古の道なり。

【新】孔子说，打猎不追求猎物的大小多少。比试力气的话要先区分等级。这是自古以来意味深长的规矩。

从前的解释认为"射"是指射的礼仪，"皮"是指靶子，"射不主皮"意思是射的礼仪不重视是否射中靶子，这种解释很奇怪。古代打猎的目的在于获得猎物的皮毛，但是不能太执着这一目的。"为力"应该属于相扑、赛跑、跳跃等类别的体育项目。

57

子贡欲去告朔之
饩羊。子曰。赐也。
尔爱其羊。我爱其礼。

【训】子贡、告
朔の饩羊を去らんと
欲す。子曰く、赐や、
尔は其の羊を爱む、
我はその礼を爱む。

【新】子贡想阻止屠宰用于迎接新月的祭祀的羊。孔子说，赐啊，你好像很重视羊啊，可是我更重视从过去继承的"礼"的传统。

<u>58</u>

子曰。事君尽礼。人以为谄也。

【训】子曰く、君に事うるに礼を尽せば、人は以て諂いとなすなり。

【新】孔子说，在君主面前按照礼仪行事，如今的人们却将其当作卑躬屈膝。

<u>59</u>

定公问。君使臣。臣事君。如之何。孔子对曰。君使臣以礼。臣事君以忠。

【训】定公問う。君、臣を使い、臣、君に事うるには、之を如何せん。孔子対えて曰く、君、臣を使うに礼を以てし、臣、君に事うるには忠を以てす。

【新】鲁定公请教孔子，在君主差遣臣下、臣下侍奉君主这件事上，该怎么办才好。孔子回答说，重要的是君主差使臣下时要慎重，臣下侍奉君主时要诚心。

<u>60</u>

子曰。关雎乐而不淫。哀而不伤。

【训】子曰く、関雎は楽しんで淫せず、哀しんで傷らず。

【新】孔子说，《诗经·关雎》是赞美夫妇和睦的诗歌，它教给我们，高兴的时候不要放纵，悲伤的时候不要自暴自弃。

<u>61</u>

哀公问社于宰我。宰我对曰。夏后氏以松。殷人以柏。周人以栗。曰。使民战栗。子闻之曰。成事不说。遂事不谏。既往不咎。

【训】哀公、社を宰我に問う。宰我、対えて曰く、夏后氏は松を以い、殷人は柏を以い、周人は栗を以う。民をして戦栗せしむるを曰うなり、と。子これを聞いて曰く、成事は説かず、遂事は諫めず、既往は咎めず。

【新】鲁哀公向宰我询问关于土地神"社"的事情。宰我说，夏代种松树，殷代种柏树，从周代开始就种栗子树了，其目的是使人民战栗。孔子听了，说，已经做完的事情就不要再强调，已经无法挽回的事情就不要再规劝，过去了的事情就不要再追究。

"社"是土地神，种植的神木是其象征，而树种则会随时代而变化。社神很可怕，有时需要活人献祭。《左传·僖公十九年》中就记载了宋襄公用鄫君当祭品祭祀社神的事情。从后文来看，鲁哀公在用活人献祭社神以后，一副假装不知道的样子去询问宰我社神的事情。于是宰我回答，周代以后将栗子树当作神木是因为"栗"和"战栗"的"栗"同音，从而能达到震慑人民的目的。言下之意，如今鲁哀公已经达到使人民战栗这一目的了，而且民间受到了难以言喻的冲击。孔子听到他们的对话十分担心。"遂事不谏"这句话放在普通情况下是奇怪的，因为这表明，如果对既成事实只是接受，那么，就既不会反省，也不会进步。孔子之所以这么说，是因为他害怕宰我在这件事上过于深入，而将自己置于危险的境地。大意相同的话重复了三遍，表明谈话主题是非同寻常的重大事件。然而，这种理解无法和教科书的价值取向取得一致，训诂学学者们做了各种努力，结果都无功而返。

子曰。管仲之器小哉。或曰。管仲俭乎。曰。管氏有三归。官事不摄。焉得俭。然则管仲知礼乎。曰。邦君树塞门。管氏亦树塞门。邦君为两君之好。有反坫。管氏亦有反坫。管氏而知礼。孰不知礼。

【训】子曰く、管仲の器は小なるかな。或るひと曰く、管仲は倹なるか。曰く、管氏に三帰あり、官事は摂せず、焉んぞ倹なるを得ん。然らば則ち管仲は礼を知るか。曰く、邦君は樹もて門を塞ぐ、管氏も亦た樹もて門を塞ぐ。邦君が両君の好みを為すには反坫あり、管氏も亦た反坫あり。管氏にして礼を知らば、孰か礼を知らざらんや。

【新】孔子说，管仲的器量太小。有人问，您是说管仲太俭省了么？孔子说，管仲有三位妻子，但给服侍她们的佣人每人只安排一种工作，这并不是俭省。那个人又问，管仲懂得礼仪，每件事都按照礼仪执行了么？孔子说，大将军的门前种植树木以防内部被人偷窥，管仲不过是一个家臣，却也种了树；大将军们会见时，特别设置了放酒杯的黏土台，管仲也模仿着设了一个台子。如果说管仲懂得"礼"的话，这个世上就没有不懂得"礼"的了。

"三归"的"归"是结婚的意思。既然是结婚就是正妻，既然是正妻就得有和身份相当的待遇，应该和妾有区别。"官事不摄"中的"官"最初和"臣"的意思一样，"臣"是指家内的奴隶，"摄"是"兼摄"的意思，即"兼职""兼务"。现在在印度上流阶层的家庭中让佣人每人只从事一种工作，因此需要非常多的人数。这在最初和印度种姓制相结合，在失

业贫民救济问题上起到了很大的作用。不论在哪种旧时社会，都存在着发展成为印度种姓制这种社会的因素。

63

子语鲁大师乐曰。乐其可知也。始作翕如也也。从之纯如也。皦如也。绎如也以成。

【训】子、鲁の大師に楽を語りて曰く、楽は其れ知るべきなり。始め作すや翕如たり。之に従うこと純如たり。皦如たり。繹如たり、以て成る。

【新】孔子和鲁国的音乐指挥大师谈论音乐。孔子说，我也懂音乐，音乐开始时应该是翕如，紧接着进入纯如，然后急转到皦如，以绎如的境界结束。

翕如、纯如、皦如、绎如究竟是怎样的四种形容，如今难以复原，但可以确定的是，当时中国普遍用此来描述四个阶段循环进行的事物，比如绘画领域中的春夏秋冬，绝句中的起承转合的韵律。原文中的"皦如"出现时是没有任何说明的突然出现，将其当作绝句韵律中的"转"来考虑也不会不恰当。

"大师"在后世用来指政府最高级别的官员，但在此处只

是指君主内廷的乐团长，是和孔子的大司寇 ① 地位相当的存在。

64

仪封人请见曰。君子之至
于斯也。吾未尝不得见也。从
者见之。出曰。二三子。何患
于丧乎。天下之无道也久矣。
天将以夫子为木铎。

【训】儀の封人、見えんこ
とを請うて曰く、君子の斯に至
るや、吾れ未だ嘗て得て見えず
んばあらず、と。従者、之を見
えしむ。出でて曰く、二三子、
何ぞ喪うを患えんや。天下の道
なきや久し。天、将に夫子を以
て木鐸となさんとするなり。

【新】孔子经过仪的领地时，巡视的差役请求见孔子。差役说，不论是哪位大人从这里经过，我都必须见到他们，这是我的工作。于是经过随从转达后两人相会。差役离开以后对门人说，各位不要悲叹时运不济啊，天下正道废弛已经很长时间了，但是如今天道要重振了，它送来了先生，以敲响警示之钟。

"仪"是属于魏国的邑。当时的交通情况是大路从邑的中间贯穿而过，长途旅行很多时候都必须从邑通过。"封人"是负责国境警备的差役，负责核查异国人的身份。"君子"在当时是一种非常郑重的说法。"丧"是指失去家庭和地位。"木铎"

---

① 西周时期设立的官职，负责实践法律法令，行使司法权。——译者注

的"铎"是指拿在手里边摇边走的铃铛，木铎的铃铛的舌头是木头做的，能够发出非常沉稳的声音。

65

子謂韶。尽美矣。又尽善也。謂武。尽美矣。未尽善也。

【训】子、韶を謂う。美を尽し、また善を尽せり。武を謂う。美を尽せり、未だ善を尽さず。

【新】孔子赞扬韶的音乐说，既非常优美，又有充分的教育效果。武的音乐虽然非常优美，但是内容还差一点。

韶是舜创作的，内容长于文德。武是周武王创作的，内容展现了武德。

66

子曰。居上不寛。为礼不敬。临丧不哀。吾何以观之哉。

【训】子曰く、上に居りて寛ならず、礼を為して敬まず、喪に臨んで哀しまずんば、吾れ何を以て之を観んや。

【新】孔子说，如果作为最高责任人的委员长 ① 态度生硬，他手下负责实施的人连连失误，参加送葬的人的态度也生冷疏远，这样的场合我实在是待不下去。

这应该是在讨论葬礼的情形。在当今的日本，也不能说没有文中这种情况发生。

---

① 此处保留了日语原文使用的汉字词语。日本社会在举行葬礼时往往会设置葬礼委员会，负责人为委员长，负责统筹安排葬礼的进行，相当于中国的治丧委员会主任。——译者注

里仁第四

（67～92）

<u>67</u>

子曰。里仁为
美。择不处仁。焉得
知。

【训】子曰く、
里は仁なるを美と為
す。択んで仁に処ら
ずんば、焉んぞ知な
るを得ん。

【新】孔子说，择居要选择受欢迎的处所。无论怎么费力寻找，如果找到的处所是不受欢迎的，就是错误的选择。

　　"里"是村落内部的一定区域，四周由墙壁围成，出入则通过村口的大门。"里仁为美"应该是类似《诗经》或《书经》等古籍中的句子。后两句是孔子对这句话的解释，重复说明了该句内容。相同意思的事情换另一种说法表达，也可以看作对古语的引用。

<u>68</u>

子曰。不仁者。
不可以久处约。不可
以长处乐。仁者安
仁。知者利仁。

【训】子曰く、
不仁者は以て久しく
約に処るべからず、
以て長く楽しみに処
るべからず。仁者は
仁に安んじ、知者は
仁を利とす。

【新】孔子说，贪婪而没有仁德的人不能忍受长期的俭约生活，也无法长久地处于安稳的生活。最好的仁德之人能够安心处于仁的境界。智者能够知晓仁的利处，想要追求并钻研其中。

子曰。惟仁者。
能好人。能恶人。

【训】子曰く、
惟だ仁者のみ、能く
人を好み、能く人を
悪む。

【新】孔子说，如果能够喜爱应该喜爱的人，厌恶应该厌恶的人，这样的人就是最具高尚品格的人。

子曰。苟志于仁
矣。无恶也。

【训】子曰く、
苟くも仁に志さば、
悪むなきなり。

【新】孔子说，一旦立志修身养性，就不能毫无理由地讨厌别人。

71

子曰。富与贵。是人之所欲也。不以其道得之。不处也。贫与贱。是人之所恶也。不以其道得之。不去也。君子去仁。恶乎成名。君子无终食之间违仁。造次必于是。颠沛必于是。

【训】子曰く、富と贵きとは是れ人の欲する所なり。其の道を以て之を得しにあらざれば处らざるなり。贫と贱しきとは是れ人の恶む所なり。其の道を以て之を得しにあらざれば去らざるなり。君子は仁を去りて、恶くにか名を成さん。君子は终食の間も仁に违うなく、造次にも必ず是においてし、颠沛にも必ず是においてす。

【新】孔子说，财富与地位是人们所期望的，如果不是通过正当的方法得到，就没有守护它的价值。贫穷与低贱是人们所厌恶的，但如果不能通过正当的方法摆脱它，就不必硬要摆脱。各位放弃了修行仁德，还能求得怎样的名声呢？各位即使在吃饭那么短的时间里也不能忘记修行，即便时间仓促、事发紧急也应如此。

子曰。我未见好仁者。恶不仁者。好仁者。无以尚之。恶不仁者。其为仁矣。不使不仁者。加乎其身。有能一日用其力于仁矣乎。我未见力不足者。盖有之矣。我未之见也。

【训】子曰く、我は未だ仁を好む者、不仁を悪む者を見ず。仁を好む者は以て之に尚うるなし。不仁を悪む者は、其れ仁たるなり。不仁者をして其の身に加えしめざればなり。能く一日も其の力を仁に用うるあらんか。我は未だ力の足らざる者を見ず。蓋しこれあらんか、我は未だこれを見ざるなり。

【新】孔子说，喜好仁德和厌恶不仁的人非常少。喜好仁德的人，因此无可挑剔。厌恶不仁的人，至少不会受到不仁之人的影响，因此这种厌恶本身也可以称为一种善行。就算只有一天，能够尽力修行仁德也是好的。我没有见过这样做了却说自己的能力不足的人。并非没有这样的人，只是我还未曾见过罢了。

子曰。人之过也。各于其党。观过斯知仁矣。

【训】子曰く、人の過ちや、各々其の党においてす。過ちを観て、斯に仁を知る。

【新】孔子说，人的过错有各自的特点。通过一个人所犯的过错，便可知道他是怎样的人。

　　"仁"在此指人。古注中一般将仁字理解为"仁义"的"仁"，在此则解释为：小人在不同的职业领域都会犯错，居于上位的君子判断其过错并宽恕他们即为"仁"。历来的注释都过于拘泥《论语》中的"仁"字。的确，孔子教义的中心是"仁"；但是，如果认为孔子说过的所有"仁"都是指最高道德的"仁"，便有失偏颇了。"仁"有时单纯指温情、人情，或指对仁德的修行，有很多种情况下的不同解释。在这种情况下，考虑到古注的不合理，此处的新注故而将"仁"重新理解为"人"。

74

子曰。朝闻道。夕死可矣。

【训】子曰く、朝に道を聞けば、夕に死すとも可なり。

【新】孔子说，如果早上明白了真理因而满足，傍晚即使死去也没有遗憾（参见《全集》第四卷第 49 页）。

<u>75</u>

子曰。士志于道。而耻恶衣恶食者。未足与议也。

【训】子曰く、士、道に志して、恶衣恶食を耻ずる者は、与に議るに足らざるなり。

【新】孔子说，作为弟子，如果追求好的外表或者爱慕虚荣，就还不能做我的同仁。

<u>76</u>

子曰。君子之于天下也。无适也。无莫也。义之与比。

【训】子曰く、君子の天下におけるや、適なきなり、莫なきなり、義をこれと比す。

【新】孔子说，君子立于天下，应像古语所说，平平淡淡，只与正义为友。

"无适"之后的句子应为对古语的引用，但"无适也""无莫也"的两个"也"字，是孔子为调节语言节奏添加的。《诗经》《书经》，甚至《左传》《礼记》中都有很多将"无"字重复两次的例子，如"无大无小""无反无侧""无怨无德""无别无义"等。本文应该是延伸引用了"无适无莫"这一词语。"无"之后的两个字，多为相反的语义，"适莫"也可理解为好与坏的意思，"无适无莫"指从一开始便没有喜好之处，也没有厌恶之处，而是平平淡淡的感觉。"与比"的"比"是"朋比"的"比"，成为同伴、互相亲近的意思。

77

子曰。君子怀德。小人怀土。君子怀刑。小人怀惠。

【训】子曰く、君子、徳を懐えば、小人は土を懐い、君子、刑を懐えば、小人は恵を懐う。

【新】孔子说，为政者以德义为本，心怀善政，人民便会安于土

地不动。如果为政者将刑罚作为万能的倚靠，人民由于要求得不到满足，很可能会逃走。

"怀惠"指索求政府给予恩惠。从为政者一方看是恩惠，从人民一方来看是要求，结果就是，政府如果完全依靠法律，人民的要求就得不到满足，最后会逃离这片土地。贯穿中国历史的普遍政治观，是在善政之下人民会安于土地，恶政之下人民就会逃亡。将"怀惠"二字翻译至此，若原文出自近世，显然是翻译过度的；但要将两千多年前的古文，也就是表达能力并不十分完备的时代的文章，译为现在人们都能理解的语言，在原句基础上加以补充就是大有必要的了。尽管这样做一定会或多或少有超出原义范围的危险，但我认为，最重要的是清晰的意思表达（参见《全集》第四卷第 103 页）。

<u>78</u>

子曰。放于利而行。多怨。

【训】子曰く、利を放いまにして行えば、怨みを多くす。

【新】孔子说，不加以分辨就追求利益，会受到多方的怨恨。

自古以来就有这样的事情，并且这成了推翻统治阶级、促进社会变迁的原动力。

79

> 子曰。能以礼让。于为国
> 乎。何有。不能以礼让为国。
> 如礼何。
>
> 【训】子曰く、能く礼譲を以て〔国を為〔おさ〕めんに〕すれば、国を為むるに於いて、何かあらん。能く礼譲を以て国を為めずんば、礼を如何せん。

【新】孔子说，若贯彻"礼"的精神，一国之政并不很难。若用"礼"的精神都不能治理国家，那么，有人说这样的"礼"毫无用处，我也是无话可说。

原文省略了开头"礼让"后面的"于"字。即使没有"于"字，像现在这样在此加句读以切分，读起来虽然有些不舒服，但也还算可行（参见《全集》第四卷第 106 页）。

"礼让"是连文，两个同义字重叠，取其共通部分。在这种情况下，"礼"的意思非常广泛，因此，取与"让"意思相

近的部分，即"礼"的精神层面的意思。通过"让"字，可以表现此处的"礼"字并非指作为外在制度的"礼"。

子曰。不患无位。患〔所〕无以立。不患莫己知。〔求为〕患无可知也。

【训】子曰く、位無きを患えず、以て立つ〔所以を〕無きを患う。己を知るもの莫きを患えず、知らるべき〔を為す〕無きを患う〔を求む〕るなり。

【新】孔子说，不必担心没有地位，要担心的是没有获得地位的能力。不必担心没有人了解自己，要担心的是自己没有让人了解的价值（参见《全集》第四卷第99页）。

子曰。参乎。吾道一以贯之。曾子曰。唯。子出。门人问曰。何谓也。曾子曰。夫子之道。忠恕而已矣。

【训】子曰く、参や、吾が道は一以て之を貫く。唯。子出づ。門人、問うて曰く、何の謂いぞや。曾子曰く、夫子の道は忠恕のみ。

【新】孔子说，参啊，我的学说只由一条路贯穿。曾子说，我明白了。孔子离开后，弟子们问曾子是什么意思。曾子说，先生的学说是真心这一条路。

孔子只叫了曾子的名字，从他说"参啊"来看，后面出现的弟子们应为曾子的弟子。"忠恕"与之前的"礼让"同为连文，以两个字表达了一个意思。一般将"忠恕"理解为"忠"与"恕"两个意思，但这里与"一以贯之"一词相矛盾。"忠"包含"恕"的部分，"恕"即"体谅"中，也有"忠"的部分；这两个字重合的时候，共通部分就是忠恕。翻译毕竟不能像几何学作图一样测量，译词难免会有偏颇，此处且将其译为"真心"。

82

子曰。君子喻于义。小人喻于利。

【训】子曰く、君子は義に喩り、小人は利に喩る。

【新】孔子说，希望各位对正义敏感，对利益钝感（参见《全集》第四卷第 156 页）。

83

子曰。見賢思齊焉。見不賢而内自省也。

【训】子曰く、賢を見ては齊しからんことを思い、不賢を見ては内に自ら省みるなり。

【新】孔子说，见到贤者要与其交往学习，见到不贤之人要自省、修正自己的行为。

84

子曰。事父母幾諫。見志不從。又敬不違。勞而不怨。

【训】子曰く、父母に事うるには幾諫す。志の従わざるを見ては、また敬して違わず。勞して怨みず。

【新】孔子说，对父母有意见时要委婉地提出。就算父母不听，也不能违抗，而应搁置；即使因而发生了不愉快的事情，也不能表现出不满。

85

子曰。父母在。不远游。游必有方。

【训】子曰く、父母在せば、遠くに遊ばず。遊ぶには必ず方あり。

【新】孔子说，父母在世，没有事情不可去远方游玩。出门游玩要时时告知去向。

《论语》中，"游"这个字只出现了三四次，且均为"逸游"的"游"的意思。此处"远游"的"游"应该是游山玩水之类的意思，不是长期远途旅行的意思。因此如果有事，不管去多远旅行都没关系。民国初年的思想革命时期，孔子思想中的封建性成为众矢之的，"父母在，不远游"被曲解为不可以去国外留学，实在是想多了。实际上，跟随孔子游历各国的弟子中，也有父母在世的人。

86

子曰。三年无改于父之道。可谓孝矣。

【训】子曰く、三年、父の道を改むるなきは、孝と謂うべし。

【新】孔子说，（服丧）三年一直遵循父亲所传的正道而不改变，就可以说是孝。

87

子曰。父母之年。不可不知也。一则以喜。一则以惧。

【训】子曰く、父母の年は知らざるべからざるなり。一には以て喜び、一には以て懼る。

【新】孔子说，父母的年龄必须要一直记在心里。一方面是为他们的长寿而高兴，一方面是为他们的衰老而担忧。

88

子曰。古者。言之
不出。耻躬之不逮也。

【训】子曰く、古
は、之を言わんとして
出ださず。躬の逮ばざ
るを恥ずればなり。

【新】孔子说，古时言语不轻易说出口，是因为以行动没有跟上言语为耻。

89

子曰。以约失之者鲜矣。

【训】子曰く、約を以て
之を失う者は鮮なし。

【新】孔子说，在逆境中很少失败。

<u>90</u>

子曰。君子欲讷于言。而敏于行。

【训】子曰く、君子は言に訥にして、行いに敏ならんことを欲す。

【新】孔子说，各位要少说话，行动上要一马当先。

<u>91</u>

子曰。德不孤。必有邻。

【训】子曰く、徳は孤ならず、必ず鄰あり。

【新】孔子说，只要用心修行，即使不为人知，也必能结识同伴。

92

子游曰。事君数。斯辱矣。朋友数。斯疏矣。

【训】子游曰く、君に事えて数すれば、斯に辱められ、朋友に数すれば、斯に疏んぜらる。

【新】子游说，侍奉君主过于执着，会惹人气；对朋友过于纠缠，会被人嫌。

公冶长第五

（93～119）

93

子谓公冶长。可妻也。虽
在缧绁之中。非其罪也。以其
子妻之。子谓南容。邦有道不
废。邦无道免于刑戮。以其兄
之子妻之。

【训】子、公冶长を謂う。妻
あわすべきなり。缧绁の中
に在りと雖も其の罪に非ざる
なり、と。其の子を以て之に
妻あわす。子、南容を謂う。
邦に道あれば廃せられず、邦
に道なきも、刑戮より免かる、
と。其の兄の子を以て之に妻
あわせたり。

【新】孔子评价公冶长，说他可以做女婿，虽然被关在监狱里，但实在是不实之罪，还将自己的女儿嫁给了公冶长。孔子又评价南容，说他在国家治理有方时受到重用，国家混乱时也不会受到刑罚，又将兄长的女儿嫁给了南容（参见《全集》第四卷第 58 页）。

94

子谓子贱。君子哉若人。
鲁无君子者。斯焉取斯。

【训】子、子贱を謂う。
君子なるかな、若きの人。鲁
に君子者なくんば、斯れ焉に
か斯れを取らんや。

【新】孔子评价子贱说，他不曾抱怨，是称得上君子的好人。但是鲁国如果没有君子，又怎么会有子贱这样的人。正如古语所说，这个人是怎样成为这样的人的呢？

"斯焉取斯"应为古语。开头和结尾为同一"斯"字，是凑足语气的一种（参见第 37、52 段）。

95

子貢問曰。賜也何如。子曰。女器也。曰。何器也。曰。瑚璉也。

【训】子貢、問いて曰く、賜や何如。子曰く、女は器なり。曰く、何の器ぞや。曰く、瑚璉なり。

【新】子贡问，我是怎样的人？孔子说，你是可器重之人。子贡又问，如何器用？孔子说，在举办重大祭祀活动时，你是不可或缺的人物。

"瑚璉"是宗庙祭祀时供奉粮食的器皿。在政教一体的时代，对祭祀有用处的人，也是对政事有作为的人。

96

或曰。雍也仁
而不佞。子曰。焉
用佞。御人以口给。
屡憎于人。不知其
仁。焉用佞。

【训】或るひと
曰く、雍や、仁に
して佞ならず。子
曰く、焉んぞ佞な
るを用いん。人を
禦ぐに口給を以て
すれば、屡しば人
に憎まる。其の仁
なるを知らず、焉
んぞ佞なるを用い
ん。

【新】有人评价仲弓说，雍是好人，称得上仁德之人，但可惜不够能言善辩。孔子说，能言善辩有什么好呢？与人争辩时灵巧地对付别人，最终会招人憎恨。先不说他是否有仁德，但能言善辩并不是好事。

"不知其仁，焉用佞"这句话，若作为该段的重点，我倒是觉得将"知"改为"如"，即如若比不上他的仁，又如何用佞。这里的"仁"，限指君子之仁。如此，便足以说明绝不允许佞的意思。今后还将继续探究古文中的用例，以得出结论。

97

子使漆雕
开仕。对曰。
吾斯之未能
信。子说。

【训】子、
漆雕開をして
仕えしめんと
す。対えて曰
く、吾れは
斯れをこれ未
だ信ずる能わ
ず、と。子、
説ぶ。

【新】孔子让漆雕开去做官，漆雕开拒绝说，他还没有足够的信心。孔子难得地开心一笑。

子曰。道不行。乘桴浮于海。从我者其由与。子路闻之喜。子曰。由也好勇过我。无所取材。

【训】子曰く、道行われず。桴に乗りて海に浮ばん。我に従う者は其れ由なるか。子路、これを聞いて喜ぶ。子曰く、由や勇を好むこと我に過ぐ。材を取る所なし。

【新】孔子说，世道真令人绝望啊，乘木筏漂流到海上去算了！跟随我的大概只有由一人。子路听后很骄傲，孔子说，由的莽撞大大超过我，不知道适可而止。

孟武伯问。子路仁乎。子曰。不知也。又问。子曰。由也。千乘之国。可使治其赋也。不知其仁也。求也何如。子曰。求也。千室之邑。百乘之家。可使为之宰也。不知其仁也。赤也何如。子曰。赤也束带立于朝。可使与宾客言也。不知其仁也。

【训】孟武伯問う、子路は仁なるか。子曰く、知らざるなり。又問う。子曰く、由や、千乘の国に其の賦を治めしむべきなり。其の仁なるを知らず。求や何如。子曰く、求や、千室の邑、百乘の家に、之が宰たらしむべし。其の仁なるを知らず。赤や何如。子曰く、赤や、束帯して朝に立ち、賓客と言わしむべきなり。其の仁なるを知らず。

【新】孟武伯问，子路算不算最好的人，即仁德之人。孔子说，我不知道。孟武伯又问了一遍，孔子说，仲由可以掌管拥有一千辆兵车、最厉害的大国的军事，但我不知道他算不算仁者。孟武伯又问冉求如何，孔子说，冉求可以做千户人口之城的官员，拥有百辆兵车的小国的长官，但我不知道他算不算仁者。孟武伯又问公西华如何，孔子说，赤可以穿礼服在朝廷之上，进行外交谈判，但我不知道他算不算仁者。

100

子谓子贡曰。女与回也孰愈。对曰。赐也何敢望回。回也闻一以知十。赐也闻一以知二。子曰。弗如也。吾与女弗如也。

【训】子、子貢に謂いて曰く、女と回と孰れか愈れる。対えて曰く、賜や、何ぞ敢て回を望まん。回や、一を聞いて以て十を知る。賜や、一を聞いて以て二を知るのみ。子曰く、如かざるなり。吾れ女と与に如かざるなり。

【新】孔子对子贡说，你与颜回谁更强一些呢？子贡答，我比不上颜回，颜回听到一件事能明白十件事，而我只能明白两件事。孔子说，是的，不止你，我也比不上他。

<u>101</u>

宰予昼寝。子曰。朽木不可雕也。
粪土之墙。不可圬也。于予与何诛。
子曰。始吾于人也。听其言而信其行。
今吾于人也。听其言而观其行。于予
与改是。

【训】宰予、昼寝ぬ。子曰く、朽
木は雕るべからず。粪土の牆は杇るべ
からず。予に於いてか、何をか诛め
ん。子曰く、始め吾れ、人に於いて
や、其の言を聴きて其の行いを信じた
りき。今吾れ、人に於いてや、其の言
を聴きて其の行いを観る。予に於いて
か、是を改めたり。

【新】宰予白天睡觉。孔子说，腐朽的木头经不起雕琢，腐殖土砌成的墙壁无法粉刷，我已经不想告诫宰予了。孔子又说，起初，我还相信别人听了劝说的话会照做，但如今，我会观察他听了别人的话以后是否照做，我是因为宰予而改变了想法。

"昼寝"不是指在休息时分稍微打个盹，而是盖着被子熟睡的状态。宰予是累了就要睡觉的合理主义者，而孔子是严格的克己主义者。孔子严厉地叱责了宰予，二者的理论冲突在第 455 段也可看到。

"粪土"应为栽培作物所用之土，即耕地土壤中加入了作为肥料的腐殖质有机物，而墙壁必须由黏着力强的黏土才砌得牢固。

102

子曰。吾未见刚者。或
对曰申枨。子曰。枨也欲。
焉得刚。

【训】子曰く、吾れは
未だ剛なる者を見ず。或る
ひと対えて曰く、申枨あり。
子曰く、枨や慾あり、焉ん
ぞ剛なるを得ん。

【新】孔子说，我没见过刚毅之人。有人回答说，申枨是这样的人吧。孔子说，申枨还有贪欲，不算是刚毅之人。

103

子贡曰。我不欲人之加
诸我也。吾亦欲无加诸人。
子曰。赐也非尔所及也。

【训】子贡曰く、我は
人のこれを我に加うるを欲
せざるや、吾れも亦たこれ
を人に加うるなからんと欲
す。子曰く、赐や、尔の及
ぶ所に非ざるなり。

【新】子贡说，我不想让别人给我添麻烦，同样我也不想给别人添麻烦。孔子说，赐啊，对于现在的你来说，这是一种奢望。

104

子贡曰。夫子之文章。可得而闻也。夫子之言性与天道。不可得而闻也。

【训】子贡曰く、夫子の文章は得て聞くべきなり。夫子の性と天道とを言うは、得て聞くべからざるなり。

【新】子贡说，对于生活的哲学，我们一直受到先生的教导，但对于命运和宇宙论，我们还没听过先生的指教。

105

子路有闻。未之能行。唯恐有闻。

【训】子路は聞くことありて、未だこれを能く行わざれば、唯だ聞くあらんことを恐る。

【新】子路受到教导，还没有实施的时候，就唯恐接受不到新的教导。

106

子贡问曰。孔文子。何以谓之文也。子曰。敏而好学。不耻下问。是以谓之文也。

【训】子貢、問うて曰く、孔文子は、何を以てか之を文と謂うや。子曰く、敏にして学を好み、下問を恥じず。是を以て之を文と謂うなり。

【新】子贡问，为何称孔文子的谥号为文呢？孔子说，他一有机会就沉迷于学问，不耻下问，因此值得封其谥号为文。

107

子谓子产。有君子之道四焉。其行己也恭。其事上也敬。其养民也惠。其使民也义。

【训】子、子産を謂う。君子の道、四あり。其の己を行うや恭。其の上に事うるや敬。其の民を養うや惠。其の民を使うや義あり。

【新】孔子评价子产，说他拥有作为政治家的四个优良品德：态度谦逊，侍奉君主恭敬谨慎，管理人民多用恩惠，役使百姓懂得分寸。

<u>108</u>

子曰。晏平仲。善
与人交。久而人敬之。

【训】子曰く、晏
平仲は善く人と交わる。
久くして人これを敬す。

【新】孔子说，晏平仲善于与人交往，跟他交往越久，别人便越尊敬他。

<u>109</u>

子曰。臧文仲。居蔡
山节藻棁。何如其知也。

【训】子曰く、臧文仲
は、蔡を居き、節に山し、
梲に藻す。何んぞ其れ知
ならんや。

【新】孔子说，臧文仲（模仿天子）贮存用来占卜的龟甲，将房屋的柱上斗拱雕成山形，在梁上短柱画上藻纹，我认为他不是一个聪明人。

<u>110</u>

子张问曰。令尹子文。三仕为令尹。无喜色。三已之。无愠色。旧令尹之政。必以告新令尹。何如。子曰。忠矣。曰。仁矣乎。曰。未知。焉得仁。崔子弑齐君。陈文子有马十乘。弃而违之。至于他邦。则曰。犹吾大夫崔子也。违之。之一邦。则又曰。犹吾大夫崔子也。违之。何如。子曰。清矣。曰。仁矣乎。曰。未知。焉得仁。

【训】子张、問うて曰く、令尹子文は三たび仕えて令尹となりて喜色なし。三たび之を已めて愠る色なし。旧令尹の政は必ず以て新令尹に告ぐ。何如ぞや。子曰く、忠なり。曰く、仁なるか。曰く、未だ知ならず、焉んぞ仁なるを得ん。崔子、斉君を弑す。陳文子、馬十乗あり。棄てて之を違り他邦に至る。則ち曰く、猶お吾が大夫崔子のごときあり、と。之を違る。一邦に之く。則ちまた曰く、猶お吾が大夫崔子のごときあり、と。之を違る。何如ぞや。子曰く、清なり。曰く、仁なるか。曰く、未だ知ならず、焉んぞ仁なるを得ん。

【新】子张问，楚国宰相——令尹子文三次被任命为令尹，并没有表现出喜悦；三次被罢免，也没有表现出生气。职务交接时，他还将自己之前的施政之道毫无保留地告诉新任令尹。应该如何评价

他呢？孔子说，是规矩之人。子张问，可以称得上"仁"吗？孔子说，还不是智者，怎么会是仁者呢。又问，齐国大夫崔子弑其君，陈文子拥有四十匹马及其他财产，均原封未动而离开齐国。到了别国之后，说此地的大夫跟齐国的崔子一样，便离开了此国。到了另一国，说此地的大夫仍跟齐国的崔子一样，于是又离开了。这个人如何？孔子说，是清高之人。子张问，可以称得上仁者吗？孔子说，还不是智者，怎么会是仁者呢。

111

季文子。三思而后行。子闻之曰。再斯可矣。

【训】季文子、三思して後に行う。子、これを聞いて曰く、再びすれば斯に可なり。

【新】季文子做事都要再三思量后再实行。孔子听闻后说，思考两次就可以了。

112

子曰。宁武子。邦有道则知。邦无道则愚。其知可及也。其愚不可及也。

【训】子曰く、甯武子は、邦に道あれば则ち知、邦に道なければ则ち愚。其の知は及ぶべし。其の愚は及ぶべからざるなり。

【新】孔子说，宁武子在国家治理有方时就聪明，在国家政治混乱时就装傻。他的聪明还能够模仿，他装傻的技艺是谁都模仿不到的。

113

子在陈曰。归与归与。吾党之小子狂简。斐然成章。不知所以裁之。

【训】子、陳に在りて曰く、帰らんかな、帰らんかな。吾が党の小子、狂簡にして、斐然として章を成すも、これを裁する所以を知らず。

【新】孔子在周游到陈国时说，回去吧，回去吧。留在鲁国的年轻人，有理想，也有做事的干劲，可他们有了精美的绢制品，却不懂得如何剪裁。

<u>114</u>

子曰。伯夷叔齐。不念旧恶。怨是用希。

【训】子曰く、伯夷、叔齐は、旧悪を念わず。怨み、是をもって希なり。

【新】孔子说，伯夷和叔齐不念旧仇，因此很少起怨念之心。

<u>115</u>

子曰。孰谓微生高直。或乞醯焉。乞诸其邻而与之。

【训】子曰く、孰れか微生高を直しと謂うや。或るひと醯を乞いしに、これを其の隣りに乞うてこれに与えたり。

【新】孔子说，微生高并不是一个率直的人。有人向他借醋，他向邻居借来，当作自己的东西一样给人家。

116

子曰。巧言令色足恭。左
丘明耻之。丘亦耻之。匿怨而
友其人。左丘明耻之。丘亦耻
之。

【训】子曰く、巧言、令色、足恭なるは、左丘明これを恥ず。丘も亦たこれを恥ず。怨みを匿して其の人を友とするは、左丘明これを恥ず。丘も亦たこれを恥ず。

【新】孔子说，谄媚的声音、讨好的笑、搓手哈腰，左丘明认为这样很可耻，我也认为这样可耻。虽心怀敌意，表面上却像朋友一样与对方交往，左丘明认为这样很可耻，我也认为这样可耻。

117

颜渊季路侍。子曰盍各言
尔志。子路曰。愿车马衣〔轻〕
裘。与朋友共。敝之而无憾。颜
渊曰。愿无伐善。无施劳。子路
曰。愿闻子之志。子曰。老者安
之。朋友信之。少者怀之。

【训】顔淵、季路侍す。子曰く、盍んぞ各々爾が志を言わざる。子路曰く、願わくは車馬衣裘を、朋友と共にし、これを敝りて憾むなからん。顔淵曰く、願わくは善に伐るなく、労を施しすることなからん。子路曰く、願わくは子の志を聞かん。子曰く、老者はこれを安んじ、朋友はこれを信じ、少者はこれを懐けん。

【新】颜渊与季路侍奉在孔子左右。孔子说，说说你们的志向吧。子路说，我希望在结交朋友时，能将外出用的车马、衣服、外套借给他们，就算用坏了也不觉得可惜。颜渊说，我希望自己不自以为是，不要付出举手之劳就要求人家知恩图报。子路说，先生的理想是什么呢？孔子说，我希望老人们能够安心，同辈互相信任，对年轻人多加关爱（参见《全集》第四卷第 110 页）。

118

子曰。已矣乎。吾未见能见其过。而内自讼者也。

【训】子曰く、已んぬるかな。吾れは未だ、能く其の過ちを見て内に自ら訟むる者を見ず。

【新】孔子说，我痛切地感到，压根儿没有发现自己犯错后能够自省自责的人啊。

119

子曰。十室之邑。必有忠信如丘者焉。不如丘之好学也。

【训】子曰く、十室の邑に、必ずや忠信の丘の如き者あらん。丘の学を好むに如かざるなり。

【新】孔子说，不论是如何偏僻的小地方，一定有像我这样正直规矩的人，只是应该没有像我这样好学的人。

雍也第六

（120 ～ 147）

120

子曰。雍也可使南面。

仲弓問子桑伯子。子曰。可

也〔二〕。簡。仲弓曰。居敬而

行簡。以臨其民。不亦可乎。

居簡而行簡。无乃大簡乎。

子曰。雍之言然。

【訓】子曰く、雍や南

面せしむべし。仲弓、子桑

伯子を問う。子曰く、〔可

なり。簡なればなり。〕可

や簡なり。仲弓曰く、敬に

居りて簡を行い、以て其の

民に臨むは、亦た可ならず

や。簡に居りて簡を行うは、

乃ち大だ簡なるなからんや。

子曰く、雍の言うこと然り。

【新】孔子说，冉雍可以做地方长官。仲弓（即冉雍）问起子桑
伯子这个人。孔子说，是个不拘小节的人。仲弓说，内在严谨正直，
外在不拘小节，用这种方式来治理百姓，倒也是可以的。如果内在不
拘小节，外在也不拘小节，岂不过于粗略草率？孔子说，你说的很对
（参见《全集》第四卷第 122 页）。

121

哀公問。弟子孰為好

學。孔子對曰。有顔回者好

學。不迁怒。不貳過。不幸

短命死矣。今也則亡。未聞

好學者也。

【訓】哀公問う、弟子

孰れか学を好むとなす。孔

子対えて曰く、顔回なる者

ありて学を好みたり。怒り

を遷さず、過ちを貳びせず。

不幸、短命にして死せり。

今や則ち亡し。未だ学を好

む者あるを聞かざるなり。

【新】鲁哀公问，你的弟子中谁好学？孔子回答说，有一个弟子颜回好学，他从不将自己的不快发泄给他人，也从不犯同样的错误；不幸的是，他短命去世了，从此再也没有这样的弟子，再没见过好学的人。

122

子华使于齐。冉子为其母请粟。
子曰。与之釜。请益。曰。与之庾。
冉子与之粟五秉。子曰。赤之适齐也。
乘肥马。衣轻裘。吾闻之也。君子周
急不继富。原思为之宰。与之粟九百。
辞。子曰。毋以与尔邻里乡党乎。

【训】子華、齊に使いす。冉子、
其の母の為に粟を請う。子曰く、こ
れに釜を与えよ。益さんことを請う。
曰く、これに庾を与えよ。冉子、こ
れに粟五秉を与う。子曰く、赤の齊
に適くや、肥馬に乗じ、軽裘を衣る。
吾れはこれを聞く。君子は急を周う
て富めるに継がず、と。原思、これ
が宰たり。これに粟九百を与う。辞
す。子曰く、以て爾が隣里郷党に与
うる母からんや。

【新】子华（即赤）出使齐国，冉子为子华的母亲请求无人在家的补助。孔子说，给她六斗四升，约十天的粮食。冉子请求多加一点。孔子说，再给她二斗四升。冉子仍觉得太少，自己决定给了她八十石。孔子听说后，跟我预想的一样，公西赤去齐国时，乘坐四匹肥马所驾之车，身穿轻软的裘衣。我常常教导你们，君子理应周济穷人，不应给富人添富。原宪在做孔子家的总管时，孔子给他九百（石？）小米作为俸禄。原宪因过多而推辞不受。孔子说，多了的话，就把它分给你的邻里乡亲吧。

123

子謂仲弓曰。犁牛之子。騂且角。雖欲勿用。山川其舍諸。

【訓】子、仲弓を謂いて曰く、犁牛の子、騂くして且つ角あらば、用いるなからんと欲すと雖も、山川、それこれを舎かんや。

【新】孔子评价仲弓说，即使是耕地用的杂种牛犊，如果毛皮光滑赤红，牛角周正，就算人们很爱惜它，山河神灵也会知道，作为祭品一定会受到重用。

124

子曰。回也。〔其心〕。三月不违仁。其余。则日月至焉而已矣。

【训】子曰く、回や〔其の心〕三月、仁に違わずなりぬ。其の余は則ち日に月に至りしのみ。

【新】孔子说，颜回自学习开始，三个月后就不会再有违背仁德的行为了。其他德行，一天或一个月就可以出师了（参见《全集》第四卷第 88 页）。

<u>125</u>

季康子问。仲由可使从政也与。子曰。由也果。于从政乎何有。曰。赐也可使从政也与。曰。赐也达。于从政乎何有。曰。求也可使从政也与。曰。求也艺。于从政乎何有。

【训】季康子、問う、仲由は政に従わしむべきか。子曰く、由や果なり。政に従うに於いて何かあらん。曰く、賜や政に従わしむべきか。曰く、賜や達なり。政に従うに於いて何かあらん。曰く、求や政に従わしむべきか。曰く、求や芸あり。政に従うに於いて何かあらん。

【新】季康子问，仲由可以来治理政事吗？孔子说，仲由果断，治理政事有什么难的呢？季康子又问，端木赐可以来治理政事吗？孔子说，赐有预见性，治理政事有什么难的呢？季康子又问，冉求可以来治理政事吗？孔子说，冉求有修养，治理政事有什么难的呢（参见《全集》第四卷第 107 页）？

126

季氏使閔子騫為費宰。閔
子騫曰。善為我辞焉。如有復
我者。則吾必在汶上矣。

【訓】季氏、閔子騫をして
費の宰たらしめんとす。閔子騫
曰く、善く我が為にこれを辞
せ。如し我に復たびする者あら
ば、吾は必ず汝の上にあらん。

【新】季氏想让闵子骞做采邑费地的长官。闵子骞对使者说，请为我辞掉吧。如果贵处有使者再来，我会渡过汶水避而不见。

127

伯牛有疾。子問之。自牖
執其手。曰。亡之。命矣夫。
斯人也而有斯疾也。斯人也而
有斯疾也。

【訓】伯牛、疾あり。子こ
れを問い、牖より其の手を執
る。曰く、之を亡わん。命なる
かな。斯の人にして斯の疾あ
り。斯の人にして斯の疾あらん
とは。

【新】伯牛得了重病，孔子去探望，（为避免传染）从窗户紧紧握住伯牛的手，握了很久。回来后，孔子说，怎么就不行了呢，命运怎么会这样啊，这么好的人却得了这样的病，这么好的人却得了这样的病。

"执"是"执念、执拗"的"执"，紧紧握住不放手的意思。"命"是"天命"，在此不是正义或革命的道理，而是不可知的神秘力量，更接近达观的理念（参见《全集》第四卷第168页）。

128

子曰。賢哉回也。一箪食。一瓢飲。在陋巷。人不堪其憂。回也不改其樂。賢哉回也。

【训】子曰く、賢なるかな回や。一箪の食、一瓢の飲、陋巷に在り。人は其の憂えに堪えず。回や其の楽しみを改めず。賢なるかな回や。

【新】孔子说，颜回是个有出息的人。吃一碗饭，喝一瓢水，身居陋巷窄屋，别人这样生活会有不满，但颜回一点都不介意，反而很开心，这太了不起了。

<u>129</u>

冉求曰。非不说子之道。力不足也。子曰。力不足者。中道而废。今女画。

【训】冉求曰く、子の道を説ばざるには非ず。力足らざるなり。子曰く、力の足らざる者は、中道にして廃す。今、女は画る。

【新】冉求说，我不是不认同您的学说，只是力量不够，跟不上您。孔子说，如果真的是力量不足，中途自会落后，而你现在是一开始就放弃了。

<u>130</u>

子谓子夏曰。女为君子儒。无为小人儒。

【训】子、子夏に謂いて曰く、女、君子の儒と為れ。小人の儒と為るなかれ。

【新】孔子对子夏说，你要做高尚的学者，不要做卑躬屈膝的学者（参见《全集》第四卷第 155 页）。

子游为武城宰。子曰。女得人焉耳乎。曰。有澹台灭明者。行不由径。非公事。未尝至于偃之室也。

【训】子游、武城の宰となる。子曰く、女、人を得たるか。曰く、澹台滅明なる者あり。行くに径に由らず。公事に非ざれば、未だ嘗て偃の室に至らざるなり。

【新】子游做武城的长官。孔子说，你找到比较好的手下了吗? 子游回答，有一个叫澹台灭明的人，走路不抄近路，除公事外不到我的住处来。

子曰。孟之反不伐。奔而殿。将入门。策其马曰。非敢后也。马不进也。

【训】子曰く、孟之反、伐らず。奔りて殿す。将に門に入らんとす。其の馬に策ちて曰く、敢て後れたるに非ず。馬、進まざりしなり。

【新】孔子说，孟之反是个脸皮很薄的人。军队败退时，他走在后面；快到城门时，突然鞭打他的马大叫道，不是我要殿后，是这马跑得不快。

133

子曰。不有祝鮀之佞。而有宋朝之美。难乎免于今之世矣。

【训】子曰く、祝鮀の佞あらずして、宋朝の美あらば、難いかな、今の世に免れんこと。

【新】孔子说，没有卫国有名的祝鮀那样的口才，而只有宋国公子朝那样的美貌，不知道会遇到怎样的灾祸。

说到卫国的命运，向来都认为，若不是因祝鮀的口才而免于宋国公子朝的加害，卫国恐怕就灭亡了。这是文章之外的意思，此处应该还是说美貌会招致仇恨这种个人命运。

子曰。谁能出不由户。
何莫由斯道也。

【训】子曰く、誰か能
く出づるに戸に由らざらん。
何ぞ斯の道に由る莫きや。

【新】孔子说，没有人出入不经过门口，可为什么没有人遵循我的仁道呢？

子曰。质胜文则野。文
胜质则史。文质彬彬。然后
君子。

【训】子曰く、質、文
に勝れば野、文、質に勝れ
ば史、文質彬彬として、然
る後に君子なり。

【新】孔子说，虽有实质但缺少文采，是粗俗之人；只有文采却无实质，就只是代笔之人。文采与实质兼备，才可以称为有教养的君子。

136

子曰。人之生也直。
罔之生也幸而免。

【训】子曰く、人の生
るるや直し。これを罔して
生くるや、幸いにして免れ
んのみ。

【新】孔子说，人要靠正直生存。不正直的人若能够无事生存，是由于他的侥幸。

137

子曰。知之者。不如
好之者。好之者。不如乐之
者。

【训】子曰く、これを
知る者はこれを好む者に如
かず。これを好む者は、こ
れを楽しむ者に如かず。

【新】孔子说，理性地知道一件事，不如喜欢这件事；喜欢一件事，不如全身心投入这件事，并以此为乐。

子曰。中人以上。可以语上也。中人以下。不可以语上也。

【训】子曰く、中人以上は以て上を語るべきなり。中人以下は以て上を語るべからず。

【新】孔子说，中等以上的人，能够明白君子的价值；中等以下的人，不能够明白君子的价值。

本段中，"语上"的"上"指人还是指事，意见有分歧。但因"中人"为主语，可将"上"理解为"上等人"。有人认为，特别是对现代来说，将人过于区别对待并不好，因此，多将"上"释义为事情，将全句解释为中等以下的人不能理解高深的事情。其实并不需要有此担心，因为将自己归为中等以下的人自不必说，满足于自己作为中等人的人也很少见吧。

139

樊迟问知。子曰。务
民之义。敬鬼神而远之。
可谓知矣。问仁。曰。仁
者先难而后获。可谓仁矣。

【训】樊遅、知を問
う。子日く、民の義を務
め、鬼神を敬してこれを
遠ざく。知と謂うべし。
仁を問う。曰く、仁者は
難きを先にして獲るを後
にす。仁と謂うべし。

【新】樊迟问智者会怎么做，孔子说，尊重百姓做正义的事，对于鬼神等信仰问题要慎重考虑，不去深究，这就是智者。樊迟又问仁者怎么做，孔子说，仁者会首先解决难题而不去期望回报，这就是仁者。

140

子曰。知者乐水。仁
者乐山。知者动。仁者静。
知者乐。仁者寿。

【训】子曰く、知者は
水を楽しみ、仁者は山を
楽しむとあり。知者は動
き、仁者は静かなり。知
者は楽しみ、仁者は寿な
がし。

【新】孔子说，智者喜欢水，仁者喜欢山，这句古话说得对。智者好动，仁者喜静。智者知道怎样快乐生活，仁者知道如何长寿。

<u>141</u>

子曰。齐一变。至于鲁。鲁一变。至于道。

【训】子曰く、斉、一変すれば魯に至り、魯、一変すれば道に至らん。

【新】孔子说，邻邦齐国蜕变，会成为之前鲁国这样的文化之国；我们鲁国蜕变，（像本国之周一样）成为道义之国也不是不可能。

<u>142</u>

子曰。觚不觚。觚哉觚哉。

【训】子曰く、觚にして觚ならずんば、觚ならんや、觚ならんや。

【新】孔子说，想要仿制有角的觚（酒器），却造出没有角的觚，这不算觚。

143

宰我问曰。仁者虽
告之曰。井有仁焉。其
从之也。子曰。何为其
然也。君子可逝也。不
可陷也。可欺也。不可
罔也。

【训】宰我、問う
て曰く、仁者は之に告
げて、井に人ありと曰
うと雖も、其れこれに
従わん。子曰く、何為
れぞ其れ然らんや。君
子は逝かしむべきなり。
陥るべからざるなり。
欺くべきなり。罔うべ
からざるなり。

【新】宰我问，先生所说的最高尚的人即仁者，如果告诉他有人落到井里了，他会马上跟随跳下去吗？孔子说，不会的。先不说仁者，就算有教养的君子，可能会走到井的附近，但不会跳到井里。仁者可以被欺骗，但不可以被愚弄。

144

子曰。君子博学
于文。约之以礼。亦
可以弗畔矣夫。

【训】子曰く、
君子は博く文を学
び、これを約するに
礼を以てすれば、亦
た以て畔かざるべ
し。

【新】孔子说，各位广泛地学习各种知识，用礼来管束自己所学的知识，就不会离经叛道了。

145

子见南子。子
路不说。夫子矢之
曰。予所否者。天
厌之。天厌之。

【训】子、南
子を见る。子路、
说ばず。夫子、こ
れに矢いて曰く、
予が否ずとすると
ころのものは、天
これを厌てん。天
これを厌てん。

【新】孔子与卫灵公夫人南子见面，子路很不高兴。孔子发誓说，
我如果有不当之处，上天会看到，上天会看到。

"天厌之"是发誓时的常用语，意为向神发誓我所说的话
不假。

146

子曰。中庸之为
德也。其至矣乎。民
鲜能久矣。

【训】子曰く、
中庸の德たるや、其
れ至れるかな。民能
くすること鲜きや久
し。

【新】孔子说，中庸作为永恒之道，是至高无上的道德，这种道
德已在民间废弛很久了。

"中庸"的"中"是"适当"的意思，"庸"即"常"，此处的"常"是"永久"的意思。恰当的行为不管重复做多久都不会阻滞不前，这是中国思想的特点。最后一句缺少"能"一字，根据《礼记·中庸》，此处应补全"能"字（参见《全集》第四卷第104页）。

<u>147</u>

【训】子貢曰く、如し博く民に施して能く衆を済うものあらば何如ぞや。仁と謂うべきか。子曰く、何ぞ仁を事とせん。必ずや聖か。堯舜も其れ猶おこれを病めり。夫れ仁者は己れ立たんと欲して人を立て、己れ達せんと欲して人を達せしむ。能く近く譬を取る。仁の方と謂うべきのみ。

子貢曰。如有博施于民。而能済衆。何如。可謂仁乎。子曰。何事于仁。必也聖乎。堯舜其猶病諸。夫仁者。己欲立而立人。己欲達而達人。能近取譬。可謂仁之方也已。

【新】子贡说，如果有人能对百姓广施恩惠，又能周济众生，这样的人怎么样？能称得上最高尚的人——仁者吗？孔子说，怎么能是仁者呢，这是圣人了。像尧、舜这样的圣人君主，也很难做到。仁者想要成功，会先让别人成功；自己想要通达，会先让别人通达。（即使不做出奇迹般的事情）在离我们最近的地方，做能够使人明白的事情。这就是仁者的做法。

述而第七

（148～184）

148

子曰。述而不作。信而好古。窃比于我老彭。

【训】子曰く、述べて作らず、信じて古を好む。窃かに我が老彭に比す。

【新】孔子说，我的目的在于阐述祖先的思想，十分自信地找出传统文化中不变的优点，而非个人创作。说起来，以前有位叫老彭的人，相传此人正是按照我的理想去做的。

149

子曰。默而识之。学而不厌。诲人不倦。何有于我哉。

【训】子曰く、黙してこれを識り、学んで厭わず、人を誨えて倦まず。我に於いて何かあらんや。

【新】孔子说，要不言于口而用眼睛洞悉；要有求知欲而不知满足；要不论怎么教导人都不知疲倦。这些事情，即便是我这样的人，也会轻松地做给世人看。

<u>150</u>

子曰。德之不
修。学之不讲。闻
义不能徙。不善不
能改。是吾忧也。

【训】子曰く、
徳の脩まらざる、
学の講ぜられざる、
義を聞いて徙る能
わざる、不善の改
むる能わざる、是
れ吾が憂えなり。

【新】孔子说，道德需要学习掌握，学问需要不断精进，知道正确的事情就应该与之保持一致，知道错误的事情就不要再犯第二次。这些事情是我一直谨记于心的。

<u>151</u>

子之燕居。申申如
也。夭夭如也。

【训】子の燕居する
や、申申如たり、夭夭如
たり。

【新】孔子在家休息时，是一副悠然自得、没有烦恼、心情舒畅的样子。

152

子曰。甚矣吾衰也。久矣吾不复梦见周公。

【训】子曰く、甚しいかな、吾が衰うるや。久しいかな、吾れ復た夢に周公を見ず。

【新】孔子说，我也已经身衰力竭了，很长时间没有梦见周公了。

153

子曰。志于道。据于德。依于仁。游于艺。

【训】子曰く、道に志し、徳に拠り、仁に依し、芸に游ぶ。

【新】孔子说，勤于学问之道，以完善人格为理想，恪守人道主义，在此之上想沉溺于自己的兴趣爱好。

154

子曰。自行束脩以上。吾未尝无诲焉。

【训】子曰く、束脩を行うより以上は、吾れ未だ嘗て誨うるなくんばあらず。

【新】孔子说，既然我收下别人的束脩①，收他们为弟子，我就要亲自加以教导。

"束脩"是指入门拜师时所带的成束绑起的干肉。汉代儒学兴盛，知名学者的门下会有数千名弟子前来求学，但只有高徒才会由老师亲自教学，一般的弟子将由高徒进行教授，而孔子当时还没有这种自上而下的规矩。

---

① 束脩：十条干肉，古代用来作初次拜见的礼物。此处指见面的薄礼。——译者注

155

子曰。不愤不启。
不悱不发。举一隅。不
以三隅反。则不复也。

【训】子曰く、憤せ
らざれば啓せず、悱せ
ざれば発せず。一隅を
挙げて、三隅を以て反
さざれば、復たせざる
なり。

【新】孔子说，唯有心怀热情才能进步，唯有苦恼过后才会有所提高。教给他四隅中的一角，想自己尝试其他三个角的人，才有教的价值。

历来的注释都将"启"和"发"理解为从教师方面给予暗示的意思，但这样一来，便与第三句以后完全重复，而且也给人以教师故意刁难学生的印象。

156

子食于有丧者之侧。
未尝饱也。子于是日哭。
则不歌。

【训】子は喪ある者
の側に食するには、未
だ嘗て飽かざるなり。子、
是の日において哭すれ
ば、則ち歌わず。

【新】孔子在服丧者旁边时，即使是吃饭也只不过是走个形式而已。哭丧后，当天不会再和乐而歌。

157

子谓颜渊曰。用之则行。舍之则藏。唯我与尔有是夫。子路曰。子行三军则谁与。子曰。暴虎冯河。死而无悔者。吾不与也。必也临事而惧。好谋而成者也。

【训】子、颜淵に謂いて曰く、これを用うれば則ち行い、これを舍けば則ち藏る。惟だ我と爾とのみ是れあるかな。子路曰く、子、三軍を行らば則ち誰と与にせん。子曰く、虎を暴ち河を馮り、死して悔いなき者は、吾れ与せざるなり。必ずや事に臨んで懼れ、謀を好んで成す者なり。

【新】孔子对颜渊说，被任用则效力，被辞退则销声匿迹，这是只有你我才能做出来的事情吧。（另有一次）子路问，假如老师成为三军的大将，那么您会找谁来做副手呢？孔子说，我可不想找那些敢与虎斗、游渡黄河的人帮忙，他们追求冒险却不思反省。如果说要依靠，还得是那些行动之前会慎重考量、做好周全计划以期成功的人。

158

子曰。富而可求也。虽
执鞭之士。吾亦为之。如不
可求。从吾所好。

【训】子曰く、富にし
て求むべくんば、執鞭の士
と雖も、吾れ亦たこれを為
さん。如し求むべからずん
ば、吾が好む所に従わん。

【新】孔子说，如果是出于只要能赚钱就行的想法，那即便像诸
侯出行时的开路者这样极其低下的事情我也会欣然去做。但既然不是
那么想获取金钱，我还是想把时间利用在自己的事情上。

159

子之所慎。齐。战。
疾。

【训】子の慎しむ所
は、齐と、战と、疾。

【新】孔子希望在发表意见时需要谨慎的事情是：宗教上的仪式、
战争和疾病。

子在齐闻韶。三月不知
肉味。曰。不图为乐之至于
斯也。

【训】子、斉にありて
韶を聞く。三月肉の味を知
らず。曰く、図らざりき、
楽を為すの斯に至るや。

【新】孔子在齐国时，听到了《韶》这首曲子并研习了三个月，其间对此十分感动，竟无暇关注都吃了些什么。说，哎呀，我才发现音乐是如此美妙的东西（参见《全集》第四卷第 89 页）。

冉有曰。夫子为卫君乎。
子贡曰。诺。吾将问之。入
曰。伯夷叔齐。何人也。曰。
古之贤人也。曰。怨乎。曰。
求仁而得仁。又何怨。出曰。
夫子不为也。

【训】冉有曰く、夫子は
衛君を為けんか。子貢曰く、
諾。吾れ将にこれを問わん
とす、と。入りて曰く、伯
夷、叔斉は何人ぞや。曰く、
古の賢人なり。曰く、怨み
たるか。曰く、仁を求めて
仁を得たり。又た何をか怨
みん。出でて曰く、夫子は
為けざるなり。

【新】冉有与子贡交谈，冉有问道，夫子会站在卫国国君这边帮助他吗？子贡说，好吧，那我去问问吧。于是进入室内问孔子，您觉得伯夷、叔齐是什么样的人呢？孔子说，他们都是古代的圣贤。子贡说，他们两人将君主之位让给其他的手足落得亡命的境地，这其中有没有一种无法言喻的不满情绪呢？孔子说，他们恪守信仰，以身成仁，怎么会留下不满呢？子贡退出来，对冉有说，夫子不会帮助卫国国君的。

彼时卫国公正陷入与先前出逃卫国的父亲（前卫国公）夺取卫国国君地位的纷争之中。子贡想问孔子的是，伯夷、叔齐最终招致丧命，是否心甘情愿的选择。

162

子曰。饭疏食饮水。曲肱而枕之。乐亦在其中矣。不义而富且贵。于我如浮云。

【训】子曰く、疏食を飯い水を飲み、肱を曲げてこれを枕とす。楽しみ亦た其の中にあり。不義にして富み且つ貴きは、我に於て浮雲の如し。

【新】孔子说，素日往嘴里扒的是冷饭，用喝水来代替羹汤，弯着胳膊枕之而眠，这样的生活中快乐会自然而至。而通过麻烦别人而

获得金钱、通过溜须拍马而获取地位的人，在我看来如同浮云一般不可靠。

163

子曰。加我数年。五十以学易。可以无大过矣。

【训】子曰く、我に数年を加え、五十にして以て易を学ばば、以て大過なかるべし。

【新】孔子说，我想再多活几年，想到五十岁着手学习《易经》，如果能这样，可以说一生没有什么大错了。

关于这一段，存在争议，难以判定。现在有一种新的解释，是在"五十以学"后断句，将"易"改成"亦"接下文，读成"亦可以无大过"。作为根据，其一是因为《经典释文》中《鲁论》将"易"写作"亦"，因此改写文字的理由成立；其二是孔子所处的时代《易经》还没有成为儒学经典，这一点历史原因也成为理由。

我认为，《易经》在孔子所处的时代尚未成为儒学经典这一点是事实，但是也不能轻易断言《论语》就是孔子所处的时代（或是孔子之后相距不远的时代）的记录。在我看来，就像

在书中其他地方的有些内容和道家思想也十分相近一样，一般认为这些是在道家成立后混入其中的。同理，也可以认为在儒家中易学派兴起后，其思想学说被收入《论语》当中。

这里提到的"五十以学易"这一点，与《史记·孔子世家》中提到的孔子晚年喜好《易经》是相一致的，这一点反而证实了《易经》是后期出现的经典。据富永仲基的"加上"学说看来，有这样一种倾向：越是后出现的经典，越要找一些理由，强调自己是最早的经典。这也就是为什么现在"五经"的顺序习惯将《易经》排在首位。

164

子所雅言诗书。
执礼皆雅言也。

【训】子の雅言するところは詩、書。礼を執るも皆な雅言なり。

【新】孔子在诵读《诗经》《书经》的时候用标准话。此外，在执礼的时候也用标准话。

中国幅员辽阔，自古以来方言众多。儒学在当时是所谓的通用教育，因此将最广泛通用的周的发音作为标准语来施教。"雅言"意为古雅的语言，同时也是通用语。

165

叶公问孔子于子路。子路
不对。子曰。女奚不曰。其为
人也。发愤忘食。乐以忘忧。
不知老之将至云尔。

【训】葉公、孔子を子路
に問う。子路、対えず。子曰
く、女は奚ぞ曰わざる、其の
人となりや、発憤しては食を
忘れ、楽んでは以て憂えを忘
れ、老いの将に至らんとする
を知らずと云うのみ、と。

【新】叶公向子路问孔子是怎样的人，子路一时答不上来，没能回答他。孔子说，以后如果还有人问你，你这样回答便是——那个人啊，对学问的热情被点燃时，连饭都能忘了吃；享受学问带来的乐趣时，所有的劳苦一下子全都忘了；而且，他还不曾察觉马上就老了。

166

子曰。我非生而知之
者。好古敏以求之者也。

【训】子曰く、我は
生れながらにしてこれを
知る者に非ず。古を好み、
敏にして以てこれを求め
し者なり。

【新】孔子说，我不是生来就掌握知识的，而是喜好古代典籍，勤奋刻苦学来的。

<u>167</u>

子不语怪力乱神。

【训】子、怪・力・乱・神を語らず。

【新】孔子从不以怪异、暴力、背弃道德、神秘为话题。

<u>168</u>

子曰。三人行。必有我师焉。择其善者而从之。其不善者而改之。

【训】子曰く、三人行えば、必ず我が師あり。其の善き者を択んでこれに従い、其の善からざる者にしてはこれを改む。

【新】孔子说，三个人同时行动的话，一定会有所收获。如果是好的行为，要取之为典范；如果是不好的行为，希望能改正自己身上相同的缺点。

169

子曰。天生德于予。桓魋其如予何。

【训】子曰く、天、徳を予に生ぜしならば、桓魋、其れ予を如何せん。

【新】孔子说，如果上天对我有一些期待、希望我做一些有价值的事情的话，桓魋又能加害我什么呢！

孔子谈论"天"的时候，经常将其看作不可思议的神秘力量，只是通过假设来避免下断言。而将"天命"作为必然而信仰，似乎是孟子以后的事情。另见第210段。

170

子曰。二三子以我为隐乎。吾无隐乎尔。吾无行而不与二三子者。是丘也。

【训】子曰く、二三子は我を以て隐すと為すか。吾れ爾に隐すことなし。吾は行うとして二三子と与にせざるものなし。是れ丘なればなり。

【新】孔子说，你们一定以为我吝啬于传授知识吧。我对你们没有任何隐藏的事情，我做什么事情都是和你们在一起的，因此我就是大家一直看到的样子。

171

子以四教。文。行。忠。信。

【训】子は四を以て教う。文・行・忠・信。

【新】孔子教授弟子四项内容——文，即表现力；行，即实践力；忠，即个人的德行道义；信，即社会规则。

172

子曰。圣人吾不得而见之矣。得见君子者。斯可矣。子曰。善人吾不得而见之矣。得见有恒者斯可矣。亡而为有。虚而为盈。约而为泰。难乎有恒矣。

【训】子曰く、聖人は吾れ得てこれを見ざらん。君子者を見るを得ば、斯に可なり。子曰く、善人は吾れ得てこれを見ざらん。恒ある者を見るを得ば、斯に可なり。亡くして有りと為し、虚しくして盈てりと為し、約にして泰と為さば、恒あること難いかな。

【新】孔子说，当今的时势下，我是见不到超出凡人的圣人了，但至少我想见到十分有教养的文化人，即所谓的君子。（另有一次）孔子说，也不是一定见不到非常正直的完善的人，但至少能见到责任感很强的人，我就满足了。对那些将没有实体的东西粉饰成有实体的模样、将内容空虚的东西伪装得很充实、让贫乏的东西看起来很丰富的人，就不要指望他能担负责任。

<u>173</u>

子钓而不纲。弋
不射宿。

【训】子は釣し
て綱せず、弋して宿
を射ず。

【新】(因为不是以多获得为目的，所以)孔子打鱼只用钓竿钓，而不用网捕。捕鸟的话，瞄准飞行的鸟射下，而不会射守在巢中的鸟。

"綱"（纲）在这里可能是"網"（网）的误写。以朱注的立场，无法指出《论语》原文的错字，但费力说明一番之后，还是归结到了"網"的意思。古注是按照"綱"来解释的，而结论却更加不自然。

<u>174</u>

子曰。盖有不知
而作之者。我无是也。
多闻。择其善者而从
之。多见而识之〔°〕。
知之。次也。

【训】子曰く、蓋
し、知らずして之を作
る者あらん。我は是な
きなり。多く聞き、其
の善き者を択んでこれ
に従う。多く見て〔こ
れを識るは、知るの次
なり。〕これを識りこ
れを知るは次なり。

【译】孔子说，大概世上有像古语说的那种人，没有自知之明，却列举一些自认为很显赫的成绩。可我和这样的人不同，我会多方聆听前辈的教诲，选择其中好的加以效仿。接下来的方法就是，多用眼睛观看，边看边摸索，在心里领悟。

"不知而作"应该是古语的引用。《诗经·大雅·桑什》①中有这样的句子："予岂不知而作"。"识之知之"应该也是引自古语，目前虽然尚未找到相同的语句，但《诗经·大雅·皇矣》中有"不识不知顺帝之则"一句，句中将两个近义词"识"与"知"重复使用。将"次也"二字作为一句的用法见第 429 段。如果按正常情况，在"识之"后断句，然后"知之次也"为一句，就显得不自然（参见《全集》第四卷第 130、384 页）。

175

互乡难与言。童子见。门人惑。子曰。与其进也。不与其退也。唯何甚。人洁己以进。与其洁也。不保其往也。

【训】互郷は与に言い難し。童子、見えんとす。門人惑う。子曰く、其の進むことを与し、其の退くを与さざるならば、唯だ何ぞ甚しきや。人、己を潔くして以て進まば、其の潔きを与さん。其の往を保せざるなり。

---

① 此处应为《诗经·大雅·荡之什》中第三篇《桑柔》。——译者注

【新】互乡这个地方臭名昭著，没人瞧得起它。这个村子的一个少年，为入孔门，前来求见。弟子们不知道该怎么对待。孔子说，如果认为既已同意见面，他就必须永远要留在门下的话，是太多虑了。就好比人家换了衣服，你就得承认确实变得清爽了一样，不一定非要一一盘问过去做什么、本质怎么样。

将"其往"按照通常理解翻译成"将来"的意思，有些不对劲。"往"是"既往""往昔"的"往"，应该是"过去"的意思。

176

子曰。仁远乎哉。我欲仁。斯仁至矣。

【训】子曰く、仁、遠からんや。我れ、仁を欲すれば、斯に仁至る。

【新】孔子说，仁爱不是遥远的理想，如果我现在想要施以仁爱的话，仁爱立刻就能来到身边。

陈司败问。昭公知礼乎。孔子曰。知礼。孔子退。揖巫马期而进之曰。吾闻君子不党。君子亦党乎。君取于吴。为同姓。谓之吴孟子。君而知礼。孰不知礼。巫马期以告。子曰。丘也幸。苟有过。人必知之。

【训】陈の司败问う。昭公は礼を知るか。孔子曰く、礼を知る。孔子退く。巫马期に揖してこれを进めて曰く、吾れ闻く、君子は党せず、と。君子も亦た党するか。君は吴より娶り同姓たり。これを吴孟子と谓えり。君にして礼を知らば、孰れか礼を知らざらん。巫马期、以て告ぐ。子曰く、丘や幸なり。苟くも过ちあれば、人必ずこれを知らしむ。

【新】陈国的司败 ① 问孔子，鲁昭公是懂礼的人吗？孔子答道，是懂礼的人。孔子退下后，司败对巫马期作揖让他走近自己，说，我听说有良好教养的君子不会褒奖同伴，可连你们这样的君子不都在褒奖同伴吗？鲁君从吴国迎娶了夫人，两国就是同姓的关系，因此，虽然夫人本应叫孟姬，但要避开"姬"字，称之为吴孟子才好。如果鲁君是懂礼的人，那这世上还有不懂礼的吗？巫马期把这些话告诉了孔子，孔子说，我真是太幸运了，有了过失，就一定有人告诉我。

① 司败为主管司法的官职。——译者注

178

子与人歌而善。必使反之。而后和之。

【训】子、人と歌って善しとすれば、必ずこれを反せしめ、而る後、之に和す。

【新】孔子听别人唱歌，如果觉得满意，一定会让其再唱一遍，然后和他一起唱。

179

子曰。文莫吾犹人也。躬行君子。则吾未之有得。

【训】子曰く、文莫は吾れ猶お人のごときなり。君子を躬行することは、吾れ未だこれを得ることあらず。

【新】孔子说，在努力这方面我和一般人都差不多。但我至今尚未达到像有教养的人一样行动起来。

对于"文莫"有许多种解释，刘宝楠的《论语正义》中，引用先儒的说法，认为其和"忞慢"一样，是勤勉的意思。我认为这种说法最为得当。

180

子曰。若圣与仁。则吾岂敢。抑为之不厌。诲人不倦。则可谓云尔已矣。公西华曰。正唯。弟子不能学也。

【训】子曰く、聖と仁との若きは、吾れ豈に敢てせんや。抑もこれを為して厭わず、人に誨えて倦まざるは、則ち云爾と謂うべきのみ。公西華曰く、正に唯、弟子、学ぶ能わざるなり。

【新】孔子说，说到底，我都没有达到超出凡人的圣人、具有最高人格的仁者那样的境界，但是，以此为理想，学而不厌，诲人不倦，是可以肯定的。公西华说，这正是我们这些弟子做不到的啊。

181

子疾病。子路请祷。子曰。有诸。子路对曰。有之。诔曰。祷尔于上下神祇。子曰。丘之祷久矣。

【训】子、疾い病す。子路、祷らんと請う。子曰く、これありや。子路、対えて曰く、これあり。誄に曰う、上下の神祇に祷爾す、と。子曰く、丘の祷るや久し。

【新】孔子得了重病，子路请求为他祈祷。孔子问，这样的事有先例吗？子路说，有的，在古诔篇中就有向天地诸神祈祷。孔子说，要是这样的话，那我很早就一直为自己祈祷了。

这段话的意思大概是，起初子路请求为孔子祈祷，似乎是按照当时的民间信仰进行的一种类似于迷信的念咒。而孔子问他先例如何，也就是以往是否有这样的礼数时，子路突然改变了想法，引用古典中向正统的天地神祇祈祷的例子来回答孔子。孔子认为，如果是这样的祈祷，自己早就做了，事到如今也没有拜托别人的必要，所以拒绝了。

<u>182</u>

子曰。奢則不孫。俭則固。

与其不孫也。宁固。

【训】子曰く、奢なれば不遜、俭なれば固し。其の不遜よりは寧ろ固かれ。

【新】孔子说，奢侈则易傲慢，节俭则易顽固。但是，比起傲慢，还是顽固要好些。

<u>183</u>

子曰。君子坦荡荡。小人长戚戚。

【训】子曰く、君子は坦として荡荡たり、小人は〔长く〕怅として戚戚たり。

【新】孔子说，我希望你们都能没有欲望，每天悠闲度日，而不希望你们因为欲求得不到满足而闷闷不乐。

如果"长"按照字面意思理解为"长久"，与上面的"坦"就不对应了，所以应该是同音假借为"怅"（参见《全集》第四卷第 164 页）。

184

子温而厉。威而不猛。恭而安。

【训】子は温やかにして厲しく、威ありて猛からず、恭にして安し。

【新】孔子性情柔和却也有反应激烈的时候，威严但又不至于让人恐惧，极尽恭敬又留有余地。

泰伯第八

（185～205）

185

子曰。泰伯其可谓至德也
已矣。三以天下让。民无得而
称焉。

【训】子曰く、泰伯は其れ
至徳と謂うべきのみ。三たび天
下を以て譲り、民、得て称する
なし。

【新】孔子说，周的泰伯应该说是拥有最高品德的人了。三次将天下让给弟弟季历，让渡的方式十分自然，以至于百姓最终不知道该怎么称赞这种品德了。

186

子曰。恭而无礼则劳。慎
而无礼则葸。勇而无礼则乱。
直而无礼则绞。君子笃于亲。
则民兴于仁。故旧不遗。则民
不偷。

【训】子曰く、恭にして礼
なければ労す。慎んで礼なけれ
ば葸る。勇にして礼なければ乱
る。直にして礼なければ絞す。
君子、親に篤くすれば、民、仁
に興る。故旧遗れざれば、民、
偷からず。

【新】孔子说，即便有敬畏之心，但是如果不懂礼，也是徒劳无功；严谨正直之人如果不懂礼，也会畏缩；有勇气而不懂礼，可能会惹麻烦；正直的人不懂礼，会变得刻薄。在位者如果厚待亲族，百姓也会走向仁德。如果人们都不忘故交、延续友谊，民间的风气自然更好。

187

曾子有疾。召门弟子曰。启予足。启予手。诗云。战战兢兢。如临深渊。如履薄冰。而今而后。吾知免夫小子。

【训】曾子、疾いあり。門弟子を召して曰く。予が足を啓け。予が手を啓け。詩に云う。戦戦兢兢として、深き淵に臨むが如く、薄き冰を履む如くせよ、とあり。而今而後、吾れ免れしを知るかな、小子。

【新】曾子病危，召集众弟子说，看看我脚的周围，再检查检查我的手。《诗经》里说，为了保重身体，就要时刻都小心谨慎，就像在深渊边，或是在薄冰上行走一样。从今日起，我就从尽孝的任务中解脱了，再见了各位（参见《全集》第四卷第 136 页）。

188

曾子有疾。孟敬子问之。曾
子言曰。鸟之将死。其鸣也哀。
人之将死。其言也善。君子所贵
乎道者三。动容貌。斯远暴慢矣。
正颜色。斯近信矣。出辞气。斯
远鄙倍矣。笾豆之事。则有司存。

【训】曾子、疾いあり。孟敬
子、これを问う。曾子、言いて曰
く、鸟の将に死なんとするや、其
の鸣くこと哀し。人の将に死なん
とするや、其の言うこと善し、と
あり。君子の道に贵ぶところのも
の三あり。容貌を动かしては、斯
に暴慢に远ざかる。颜色を正しく
しては、斯に信に近づく。辞気を
出しては、斯に鄙倍に远ざかる。
笾豆の事には、有司存す。

【新】曾子病重，孟敬子来看望他。曾子气若游丝地说道，俗话
说，鸟快要死去的时候，鸣叫声是苦闷难受的；人快要死去的时候，
说的话是实在的。我一定要告诉你在道德仁义方面无论如何都要重视
的三点——即便受到打击，也不能粗俗傲慢；对于一本正经说出的话
要负责到底；即使在争论的时候也要谨慎，不能说出粗鄙的话。就是
这三点。而其他琐碎之事，会分别有官吏负责的（参见《全集》第四
卷第 147 页）。

189

曾子曰。以能
问于不能。以多问
于寡。有若无。实
若虚。犯而不校。
昔者吾友。尝从事
于斯矣。

【训】曾子曰
く、能を以て不能
に问い、多きを以
て寡きに问う。有
れども无きが若く、
实てるも虚しきが
若し。犯さるるも
校せず。昔は吾が
友、尝て斯に従事
したりき。

【新】曾子说，即便觉得自己没问题，也要听其他人的忠告；认为自己知道，也要向看起来不知道的人询问意见；即便有才能，也要掩饰不外现；掌握充实的知识、满腹经纶也要谦逊，要像一无所知、腹中空空一样；即使人家找茬打架，也不予以理会。我年轻的时候，曾和朋友一起以此为理想，励精图治，真怀念那时候啊。

190

曾子曰。可以托六尺之孤。可以寄百里之命。临大节。而不可夺也。君子人与。君子人也。

【训】曾子曰く、以て六尺の孤を託すべく、以て百里の命を寄すべし。大節に臨んで奪うべからざるなり。君子人か。君子人なり。

【新】曾子说，可以安心地把尚未成年的遗孤君主依托给他，也可以把一国的大政交予他并且不加怀疑，面临重大的紧要关头，也能坚守平时的信念。这样的人方可称为德才兼备的君子吧。确实是君子啊！

191

曾子曰。士不可以不弘毅。任重而道远。仁以为己任。不亦重乎。死而后已。不亦远乎。

【训】曾子曰く、士は以て弘毅ならざるべからず。任重くして道遠し。仁以て己が任と為す。亦た重からずや。死して後已む。亦た遠からずや。

【新】曾子说，学子没有承受重任的坚毅以及能坚持下去的韧性是不行的。背负着追求仁义的任务，没有比这再重的工作了；活到老，学到老，没有比这再远的路了。

子曰。兴于诗。立于礼。成于乐。

【训】子曰く、詩に興り、礼に立ち、楽に成る。

【新】孔子说，诗的教育使学问得以开始；礼的教育使人得以在外有所担当；音乐的教育使人格得以完善。

子曰。民可使由之。不可使知之。

【训】子曰く、民は之に由らしむべく、之を知らしむべからず。

【新】孔子说，从老百姓的角度来说，赢得他们对政治的信赖容易，让他们每个人都理解政治的内容却很难。

194

子曰。好勇疾贫。乱也。人而不仁。疾之已甚。乱也。

【训】子曰く、勇を好み貧を疾むは乱す。人にして不仁なる、これを疾むこと甚しきは乱す。

【新】孔子说，争强好胜的人如果无法忍受贫穷，那就是自暴自弃。不管别人如何不近人情，如果过于记恨，就会引发暴力事件。

195

子曰。如有周公之才之美。使骄且吝。其余不足观也已。

【训】子曰く、如し周公の才の美あるも、驕り且つ吝かならしめば、其の余は観るに足らざるなり。

【新】孔子说，即便是在才能方面能与周公媲美的优秀人才，如果傲慢又吝啬，那一切也就抵消得不值一提了。

196

子曰。三年学。不至于谷。不易得也。

【训】子曰く、三年学んで、穀に至らざるは、得やすからざるなり。

【新】孔子说，做了三年的学问，也没有想过要得到一些俸禄的人，应该称其为值得钦佩的人。

历来的解释中有一种看法认为，如果学习了三年都不想得到俸禄，那么一生就更难了。然而，"不易得"还是解释为"珍贵""难得"更自然吧。

197

子曰。笃信好学。守死善道。危邦不入。乱邦不居。天下有道则见。无道则隐。邦有道。贫且贱焉。耻也。邦无道。富且贵焉。耻焉。

【训】子曰く、篤く信じて学を好み、死を守りて道を善くす。危邦には入らず、乱邦には居らず。天下道あるときは見われ、道なきときは隠る。邦に道ありて、貧にして且つ賤しきは恥なり。邦に道なくして、富み且つ貴きも恥なり。

【新】孔子说，穷尽一生热爱学问，豁出性命也要以践行为重。不到濒临灭亡的国家去，不住在动乱的国家里。天下治理得好的时候就出来工作，治理得不好的时候宁可被忽视。应该说，住在实行正义的国家，还生活贫苦、没有地位的话，是一件令人羞耻的事；但在一个不义横行的国家里，有钱有地位则更令人羞耻。

198

子曰。不在其位。不谋其政。

【训】子曰く、其の位にあらざれば、其の政を謀らず。

【新】孔子说，对于不在自己管辖范围内的政务，不要从旁插嘴。

199

子曰。师挚之始。关雎之乱。洋洋乎。盈耳哉。

【训】子曰く、師挚の始め、関雎の乱のころおい、洋洋として耳に盈てるかな。

【新】孔子说，从乐师挚开始弹奏第一乐章起，一直到《关雎》全章结束，无法言语的绝妙音律洋洋洒洒地回荡在耳旁。

200

子曰。狂而不直。侗而不愿。悾悾而不信。吾不知之矣。

【训】子曰く、狂にして直からず、侗にして愿あらず、悾悾として信ならずんば、吾れこれを知らざるなり。

【新】孔子说，过分自信而又缺乏正直、为人粗鄙却有失淳朴、看似认真却只是"看似"认真的人，我也不知道该说什么了。

201

子曰。学如不及。犹恐失之。

【训】子曰く、学は及ばざるが如くするも、猶おこれを失わんことを恐る。

【新】孔子说，学问，即使是一直追赶，也很容易就跟不上它了。

<u>202</u>

子曰。巍巍乎。舜禹之有
天下也。而不与焉。

【训】子曰く、巍巍たる
かな、舜、禹の天下を有つや、
而してこれに与からず。

【新】孔子说，说起崇高，要数舜、禹统治天下的方法了。丝毫
看不出是在统治天下，就是其伟大的地方。

<u>203</u>

子曰。大哉。尧之为君也。
巍巍乎。唯天为大。唯尧则之。
荡荡乎。民无能名焉。巍巍乎。
其有成功也。焕乎。其有文章。

【训】子曰く、大なるか
な、尧の君たるや。巍巍たるか
な、唯だ天を大なりと為し、唯
だ尧のみこれに则る。荡荡たる
かな、民能くこれに名づくるな
し。巍巍たるかな、其の成功
あるや。焕として、其れ文章
あり。

【新】孔子说，尧作为君主的做法是伟大的。大约在崇高的事物里没有比天更伟大的了，但只有尧能够以天为典范。他的德非常宽广，百姓不知道用什么词来形容。也正因此，他能够取得天一样高的成功，并留下炫目的辉煌文化。

204

舜有臣五人。而天下治。武王曰。予有乱臣十人。孔子曰。才难。不其然乎。唐虞之际。于斯为盛。有妇人焉。九人而已。三分天下有其二。以服事殷。周之德。其可谓至德也已矣。

【训】舜に臣五人あり、而して天下治まる。武王曰く、予に乱臣十人あり、と。孔子曰く、才難しとは、其れ然らずや。唐虞の際、斯に於いて盛んとなす。婦人あり、九人のみ。天下を三分して其の二を有ち、以て殷に服事す。周の徳は、其れ至徳と謂うべきのみ。

【新】舜用五个臣子治理天下。周武王说，我有十个治乱之臣。孔子说，常说人才难得，确实如此啊。唐尧、虞舜以来，正是这个时期达到了全盛。这十个人中有一位妇人，有内助之功劳，因此只有九名政治家。拥有三分之二的天下，仍然承认殷的政权并加以服从，因此可以说，周是最有德义的了（参见《全集》第四卷第99页）。

205

子曰。禹吾无间然矣。菲饮食。而致孝乎鬼神。恶衣服。而致美乎黻冕。卑宫室。而尽力乎沟洫。禹吾无间然矣。

【训】子曰く、禹は吾れ間然するなし。飲食を菲くして、孝を鬼神に致し、衣服を悪くして、美を黻冕に致す。宮室を卑くして、力を溝洫に尽す。禹は吾れ間然するなし。

【新】孔子说，对于夏禹王，我没有什么可以挑剔的。他自己粗食以待，祭祀先祖却很盛大；平时衣着简朴，却为了朝廷官员的官服更好看而花费金钱；自己的宫室简陋，却不惜劳力修建水利工程。对于这样的人，我没什么可以挑剔的。

第 202 到 205 段是对自尧、舜、禹至周的政治的说明或曰颂词。根据内藤湖南博士的古代史研究，对孔子是否真的将尧、舜、禹运用在其历史观中是持有疑问的。禹是凭借孔子之后的墨子而成为理想人物的，尧、舜则是因为更以后的孟子，才作为有德的帝王而被尊崇的。这样看来，上面四章里除了周的部分外，是否真的是孔子所言，便很值得怀疑。我个人认为，可能是《书经》中《尧典》成书之时，由于文章旨趣相同，这些文章被植入了《论语》。

尤其应该注意的是，对禹的评价和对尧、舜的评价是使用不同的语言来表述的，即对禹的评价是"没有什么可以挑

剔的"，不是毫无保留的赞美，而是采用了带有消极意味的、近乎宽容的词句。当时正值墨家势力兴盛，儒家虽把它收入自家囊中，但还是有一些抵触的感觉吧。

子罕第九

（ 206 ~ 235 ）

206

子罕言利。与命。
与仁。

【训】子、罕に利を言う。命と与にし、仁と与にす。

【新】孔子很少以利益为话题。即便有这样的时候，也一定仅限于和天命有关，或是与仁义之道有关的时候。

把天命和利益放在一起谈论，是指不论多么想追求利益，如果依靠天命是决不能成功的，所以不要执着于此了；把仁义和利益放在一起谈论，是指如果背弃仁义之道而获得利益，也是不能容许的。

207

达巷党人曰。大哉孔子。博学而无所成名。子闻之。谓门弟子曰。吾何执。执御乎。执射乎。吾执御矣。

【训】達巷の党人曰く、大なるかな孔子。博学にして名を成すところなし、と。子これを聞き、門弟子に謂いて曰く、吾、何れを執らん、御を執らんか、射を執らんか。吾は御を執るものなり。

【新】达巷这个地方的人说，孔子真是伟大啊！如此博学，却丝毫没有变得声名显赫，这一点就很了不起。孔子听说后对门人说，如果问我驾着战车射猎的时候，是做那个射箭的，还是做那个驾车的，我会选择做那个不露面且有力量的驾车人吧（参见《全集》第四卷第151页）。

208

子曰。麻冕
礼也。今也纯。
俭。吾从众。拜
下礼也。今拜乎
上。泰也。虽违
众。吾从下。

【训】子曰
く、麻冕は礼な
り。今や純し、
倹なり。吾は衆
に従わん。下
に拝するは礼なり。
今や上に拝す、
泰なり。衆に違
うと雖も、吾は
下にてするに従
わん。

【新】孔子说，古礼用白色的麻制帽，现在用黑色的帽子。出于节俭的考虑，我愿意流同于众人。古礼对君主是在堂下拜见，现今却变得要上堂拜见了，这近乎傲慢，因此即便这种做法很盛行，我却还是想在堂下拜见。

209

子絶四。毋意。
毋必。毋固。毋我。

【训】子、四を
絶つ。意するなく、
必するなく、固なる
なく、我なるなし。

【新】孔子坚持四个不能做——不能意气用事，不能有执念，不能冥顽不化，不能固执己见。

210

> 子畏于匡。曰。文王既没。文不在兹乎。天之将丧斯文也。后死者。不得与于斯文也。天之未丧斯文也。匡人其如予何。

【训】子、匡に畏す。曰く、文王、既に没し、文、茲にあらずや。天の将に斯文を喪ぼさんとするや、後死の者、斯文に与かるを得ざらしめん。天の未だ斯文を喪ぼさざるや、匡人、其れ予を如何せん。

【新】孔子在匡这个地方遇到了灾难。他说，周文王死后，文化的传统不就在我这儿吗？上天如果想要灭绝这种文化，恐怕我就要在这里毁灭，后辈连文化是什么大概都不知道了吧。但如果上天想要保留这种文化，匡人即便想加害于我，又能做什么呢？

虽然孔子素日谦逊，不说什么豪言壮语，但在面临生命危险的时候，这大概就是自然而然说出的真心话吧！此外，在第 169 段，也有一处和这句话十分相像的表述。我想，恐怕是后人搞错了，将同一件事误以为是两件事而使之这样流传下来了吧。

大宰问于子贡曰。夫子圣者与。何其多能也。子贡曰。固天纵之将圣。又多能也。子闻之曰。大宰知我乎。吾少也贱。故多能鄙事。君子多乎哉。不多也。牢曰。子云。吾不试故艺。

【训】大宰、子貢に問うて曰く、夫子は聖者なるか。何ぞ其れ多能なるや、と。子貢曰く、固より天、これを縦して聖を将わしめ、又た能く多からしむるなり。子、これを聞きて曰く、大宰は我を知るか。吾れ少くして賤し。故に鄙事に多能なるなり。君子は多からんや。多からざるなり。故に芸あり、と。牢曰く、子、云える ことあり、吾れ試いられず。故に芸あり、と。

【新】大宰问子贡，孔子是被大家称为超凡的圣人吧，为什么他如此多能呢？子贡答道，确实是上天的安排，让孔夫子有圣人的行为，因此当然也必须有多样的能力。孔子听说后，说，大宰有所不知啊！我是年轻时在社会底层磨炼过的人，所以那些低贱的活计我什么都会干。若是出身高贵，岂会多能！放眼周围，似乎是没有的。牢 ① 有一次说，先生说得极是。我在没有取得较高地位的时候，也是这样的"啥都干、啥都会"啊！

---

① 有人认为牢是孔子的弟子琴牢。——译者注

212

子曰。吾有
知乎哉。无知也。
有鄙夫问于我。
空空如也。我叩
其两端。而竭
焉。

【训】子曰
く、吾に知あら
んや。知なきな
り。鄙夫ありて
我に問うに、空
空如たり。我は
其の両端を叩い
てこれを竭す
のみ。

【新】孔子说，说我是有智慧的人，大概是判断有误了。我的智慧袋里一直都是空空的，如果有不擅长提问的人前来问我，就更加难办了，因为我智慧袋里什么也拿不出来。如此这般，我也只好拎起两个角，拍打拍打、抖落抖落给他看喽！

这句话大概是要表达孔子想拒绝一些人前来求取智慧，因为他们只是把自己当成无所不知的人而已。他们想要达到这样的目的，就是来错地方了，因为学问并不是那样的东西。

213

子曰。凤鸟
不至。河不出图。
吾已矣夫。

【训】子曰
く、鳳鳥至ら
ず、河、図を
出さず。吾れ
已んぬるかな。

【新】孔子说，有谚语说，世道变得象征祥瑞之气的凤凰也不来了，黄河中背脊呈现吉兆的龙马也不出现了。而实际上也似乎真的变成这样了，让人越发绝望了啊。

<u>214</u>

子見斉衰者。冕衣裳者。
与瞽者。見之雖少必作。過之
必趨。

【訓】子、斉衰なる者、冕
衣裳なる者と、瞽者とを見る
に、これを見るとき、少しと雖
も必ず作つ。これを過ぎるに必
ず趨る。

【新】孔子在见到穿丧服的人、穿礼服的人和盲人需要问候的时候，即使对方比自己年龄小，也一定要从座位上下来，起身施礼。从这些人的面前经过的时候，一定会小跑过去，以表敬意。

<u>215</u>

顔淵喟然嘆曰。仰之弥高。
鑽之弥堅。瞻之在前。忽焉在
后。夫子循循然。善誘人。博我
以文。約我以礼。欲罷不能。既
竭吾才。如有所立卓爾。雖欲従
之。末由也已。

【訓】顔淵、喟然として歎じ
て曰く、これを仰げば弥いよ高く、
これを鑽れば弥いよ堅し。これを
瞻れば前にあり、忽焉として後え
にあり。夫子、循循然として善く
人を誘びく。我を博むるに文を以
てし、我を約するに礼を以てす。
罷めんと欲して能わず。既に吾が
才を竭す。立つ所あつて卓爾たる
が如し。これに従わんと欲すと雖
も、由る末きのみ。

【新】颜渊不经意地叹气道，古语说，越仰望就越觉得高，越用锥子钻就越觉得硬；一心以为在眼前而只戒备前方，可不知什么时候会突然从后面出现。这样的描述正符合老师您啊！老师循序渐进地一点一点指导我，扩展我的见闻，传授我知识，让我按规则做事，教我礼节。我这样虽然很辛苦，但是又乐在其中，无法停止下来，最终竭尽全力有所学。我知道老师一定站在某个高处，从那里可以洞察一切，我却找不到可以到达那里的途径（参见《全集》第四卷第140页）。

216

子疾病。子路使门人为臣。病间曰。久矣哉。由之行诈也。无臣而为有臣。吾谁欺。欺天乎。且予与其死于臣之手也。无宁死于二三子之手乎。且予纵不得大葬。予死于道路乎。

【训】子、疾い病す。子路、門人をして臣たらしむ。病い間なるとき曰く、久しいかな、由の詐を行うや。臣なくして臣ありとなす。吾、誰をか欺かん。天を欺かんや。且つ予、其れ臣の手に死なんよりは、無寧ろ二三子の手に死なん。且つ予、縦い大葬を得ざるも、予、道路に死なんや。

【新】孔子曾一度病情危急，子路让自己的门人去孔子家听差。病愈之后，孔子知道了，说，由又弄这些小把戏来欺骗别人。我明明从来没有过奴隶，这样让人觉得有，给别人的感觉我可能是向社会显示排场，但是上天会洞悉一切。况且，比起现在的名门望族都由奴隶处理遗骸，我更希望由你们来替我处理后事。而且，即便没有与世人媲美的豪华葬礼，我也不会落得暴毙街头的下场吧。

子贡曰。有美玉于斯。韫椟而藏诸。求善贾而沽诸。子曰。沽之哉。沽之哉。我待贾者也。

【训】子貢曰く、斯に美玉あり。匱に韞めてこれを蔵せんか。善賈を求めてこれを沽らんか。子曰く、之を沽らんかな。これを沽らんかな。我は賈を待つ者なり。

【新】子贡问，假如有一块美玉，是放到箱子里锁上保存呢，还是找个识货的商人给卖了呢？孔子说，这样啊，那就卖了吧，只能卖了，我正等着识货的商人呢。

"沽之哉"的"哉"是表示明确选择时用的语气词。"善贾"的"贾"也有解释成"价格"的说法，但在这里，因为是以弟子的立场打比方的说法，将其理解为"高价卖出"或"等待高价收购"，就变成了一味追求利益，因此这个解释不理想。我认为，此处应该是想要表达"美玉非识货之人不卖"的心情，因此就把"善贾"解读为"识货的商人"（参见《全集》第四卷第171页）。

218

子欲居九夷。或曰陋如之
何。子曰。君子居之。何陋之
有。

【训】子、九夷に居らんと
欲す。或るひと曰く、陋なる、
これを如何せん。子曰く、君子
これに居らば、何の陋なること
かこれあらん。

【新】有一次孔子说，想要移居到东方的夷狄之地居住。有人就说，那里脏乱不堪，你要怎么办呢？孔子说，如果诸位都一起去的话，那还有什么脏乱不堪可言呢（参见《全集》第四卷第157页）？

219

子曰。吾自卫反鲁。然后乐
正。雅颂各得其所。

【训】子曰く、吾れ衛より魯
に反る。然る後、楽正しく、雅
頌、各々其の所を得たり。

【新】孔子说，我去卫国游历，再回到自己的国家鲁国后，音律变得有规则了，《雅》和《颂》的歌词也分别回归到了正确的位置。

<u>220</u>

子曰。出则事公卿。入则事父兄。丧事不敢不勉。不为酒困。何有于我哉。

【训】子曰く、出でては公卿に事え、入りては父兄に事う。喪事は敢て勉めずんばあらず。酒の為に困められず。我に於いて何かあらんや。

【新】孔子说，于公，要在衙门里官职较高的人手下工作；于私，要侍奉父母兄长。如果有葬礼的话，要尽可能帮忙，尽心尽力；不能饮酒过多，做出行为不端的事。这些事，即便是我，也能轻而易举做到。

这句话应该是孔子教育弟子的。虽然儒家始于礼的传授，但其中也包括民间的仪式，特别是葬礼的时候，儒家的弟子通常要去帮忙，谢礼对他们而言是很大的收入来源。这段话展现了儒家的内部生活，因而十分有趣。特别是葬礼时不要因为喝多了酒而惹祸之类的告诫，的确是最合适的教训了。

221

子在川上曰。　逝者如斯
夫。　不舍昼夜。

【训】子、川の上にあり
て曰く、逝くものは斯の如
きかな、昼夜を舎かず。

【新】孔子一边看着流动的河水，一边说，时间的流逝就像这水流一般，不分昼夜。

222

子曰。　吾未见好德如好
色者也。

【训】子曰く、吾は未
だ徳を好むこと、色を好む
が如き者を見ず。

【新】孔子说，对异性美色感兴趣的大有人在，可关心修养的人却几乎根本没有啊。

223

子曰。譬如为山。未成
一篑。止吾止也。譬如平地。
虽覆一篑。进吾往也。

【训】子曰く、譬えば山
を為るが如し。未だ成らざる
こと一篑なるも、止むは吾れ
止むなり。譬えば地を平にす
るが如し。一篑を覆えすと雖
も、進むは吾れ往くなり。

【新】孔子说，学问就像堆山一样，即便是最后只差一筐土就完成了的时候，如果这个人停下来了，那也还是没有完成的状态。学问也像填地面的坑一样，即便是只填了一筐土而已，如果能够走一步，也是那个人的一点进步。

224

子曰。语之而不惰者。其
回也与。

【训】子曰く、これと語
りて惰らざる者は、其れ回な
るか。

【新】孔子说，学习期间，能一直保持紧张态度的，颜回是做得最好的。

225

子谓颜渊曰。惜乎。吾见其进也。未见其止也。

【训】子、顔淵を謂いて曰く、惜しいかな。吾は其の進むを見たり。未だ其の止まるを見ざりき。

【新】孔子想起颜渊，说，真是可惜啊，他是一个不断进步的人，从未见过他貌似停滞的状态。

226

子曰。苗而不秀者有矣夫。秀而不实者有矣夫。

【训】子曰く、苗にして秀いでざるものあるかな。秀いでて実らざるものあるかな。

【新】孔子说，即使发芽、长高了，也有不结穗儿的时候；即使结穗儿了，也有果实不成熟的情况（参见《全集》第四卷第 68 页）。

227

子曰。后生可畏。焉知来者之不如今也。四十五十而无闻焉。斯亦不足畏也已。

【训】子曰く、後生畏るべし。焉んぞ来者の今に如かざるを知らんや。四十五十にして聞こゆるなきは、斯れ亦た畏るるに足らざるなり。

【新】孔子说，应该对年轻的弟子满怀期待。为什么总以为后辈永远也赶不上前辈呢？不过，如果到了四五十岁还没有什么眉目的人，就不要有什么期待了。

这里的"后生"也不单单是指年轻人，是相对于老师而言的后辈，是从事学问的后辈（参见《全集》第四卷第 69 页）。

228

子曰。法語之言。能
无従乎。改之為貴。巽与
之言。能无説乎。繹之為
貴。説而不繹。従而不
改。吾末如之何也已矣。

【訓】子曰く、法語
の言は、能く従うなか
んや。これを改むるを貴
しと為す。巽与の言は、
能く説ぶなからんや。こ
れを繹ぬるを貴しと為
す。説んで繹ねず、従
つて改めざるは、吾れ
これを如何ともする末き
のみ。

【新】孔子说，对于有充分理由的忠告，谁也不会谢绝，但是，接受了之后加以改正才是最重要的。顺耳、褒奖的话谁听了都会开心，但是，有必要再检验一下是否是自己应得的。对那些只顾高兴而不鉴别、只是口头上接受而没真正想过改正的人，我是没办法改变了。

229

子曰。主忠信。毋友
不如己者。過則勿憚改。

【訓】子曰く、忠信を
主とし、己に如かざる者を
友とする毋れ。過ちては改
むるに憚かること勿れ。

【新】与第 8 段的后半部分重复。

<u>230</u>

子曰。三軍可奪帥也。匹
夫不可奪志也。

【训】子曰く、三軍は帥を
奪うべきなり。匹夫も志を奪う
べからざるなり。

【新】孔子说，一个军团的大将可能会被俘虏，但一个男子的气概不能被夺走。

<u>231</u>

子曰。衣敝縕袍。与衣狐
貉者立。而不恥者。其由也与。
不忮不求。何用不臧。子路終
身誦之。子曰。是道也。何足
以臧。

【训】子曰く、敝れたる縕
袍を衣、狐貉を衣たる者と立ち
て恥じざる者は、其れ由なる
か。忮わず求めず、何を用って
臧しからざらん、というこ
り。子路終身これを誦す。子曰
く、是の道や、何ぞ以て臧しと
するに足らん。

【新】孔子说，穿着破烂的棉袄，同穿着银狐皮质外套的人并排而站，却能一脸平和的，大概也只有由了。《诗经》中有表示"别人是别人，我是我，不相比较才是最好的"这样意思的句子。子路喜欢这句话，一直习惯地诵读这一句。孔子说，就这点事儿，何言最好呢？

"不忮不求"的意思是"不诽谤别人，也不依赖别人"，《诗经·邶风》中有过这样的表述。孔子将下一句"何用不臧"的中间两字换掉，变成"何足以臧"，用作对子路的教诲。此外，这段话只是为了方便起见，便将两件事放在了一处，而且，连《诗经》中的句子都当作孔子说的话，直接接了下文，整体解释为一件事，倒是很不可思议（参见《全集》第四卷第 129 页）。

<u>232</u>

子曰。岁寒。然后知松柏之后凋也。

【训】子曰く、歳寒くして、然る後に松柏の後れて彫むを知るなり。

【新】孔子说，岁末天气变得严寒，才知道松、柏等常青树的抵抗力是很强的。

233

子曰。知者不惑。仁者不忧。勇者不惧。

【训】子曰く、知者は惑わず。仁者は憂えず。勇者は懼れず。

【新】孔子说，智者不会事事困惑，仁者不会闷闷忧虑，勇者不会畏缩不前。

234

子曰。可与共学。未可与适道。可与适道。未可与立。可与立。未可与权。

【训】子曰く、与に共に学ぶべきも、未だ与に道を適くべからず。与に道を適くべきも、未だ与に立つべからず。与に立つべきも、未だ与に権るべからず。

【新】孔子说，即便在同一个场所学习，也不一定会向着同一条路一起前进；即便是向着同一条路一同前进，也不一定能够一起工作；即便是能一起工作，紧要关头也不一定能够共命运。

235

唐棣之華。偏其反而。豈
不尔思。室是远而。子曰。未
之思也夫。何远之有。

【训】唐棣の華、偏として
其れ反える。豈に爾を思わざら
んや。室、是れ遠きのみ、とあ
り。子曰く、未だこれを思わざ
るかな。何の遠きことかこれあ
らん。

【新】《诗经》中有这样意思的句子——唐棣之花，摇摇曳曳，若
是路途太过遥远，我那不变的思念，也到不了你那里了吧。孔子说，
如果路途遥远就到不了的话，这个思念就还不是真正的思念（参见
《全集》第四卷第 135 页）。

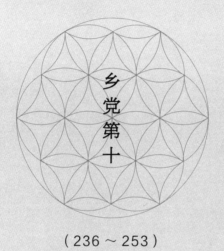

乡党第十

（236～253）

236

孔子于乡党。恂恂
如也。似不能言者。其在
宗庙朝廷。便便言。唯谨
尔。

【训】孔子、郷党に
於ては、恂恂如たり。言
う能わざる者に似たり。
其の宗廟、朝廷にあるや、
便便として言う。唯だ謹
しむのみ。

【新】孔子在乡党聚会上说话结结巴巴，给人一种不善言辞的感觉。但在朝廷的祭祀及一些政治场合上，说话却流利顺畅、侃侃而谈，只不过十分谨慎。

237

朝与下大夫言。侃侃
如也。与上大夫言。訚訚
如也。君在。踧踖如也。
与与如也。

【训】朝において下
大夫と言うには、侃侃如
たり。上大夫と言うには、
訚訚如たり。君在ませば、
踧踖如たり、与与如た
り。

【新】孔子在朝廷上和下级大夫说话时温和稳重，面对上级大夫时也毫不胆怯，在君主面前谨慎正直，仪态落落大方。

君召使擯。色勃如也。足躩如也。揖所与
立。左右手。衣前后。襜如也。趨进。翼如也。
宾退。必复命。曰。宾不顾矣。

【训】君、召して擯せしむれば、色、勃如
たり。足、躩如たり。与に立つ所に揖するには、
手を左右にし、衣の前後は襜如たり。趨り進む
には翼如たり。賓、退けば必ず復命して曰く、
賓、顧みずなりぬ。

　　【新】孔子奉君主之命接待贵宾时，神情紧张，脚步迅速敏捷。向两旁站立的同僚打招呼时，每当朝左右挥手致意，衣服的前襟后襟都会飘动起来。小步快走时，像张开了翅膀一样，步伐轻快。宾客离去后，孔子一定向君主复命说，已经将客人送走，直至他们不再回头。

　　"宾不顾"通常被理解为"客人很满意，头也不回地离去了"，但总有些别扭。出于礼貌，宾客离去时，对前来送行的主人往往不时地回头，而主人方面，同样出于礼貌，也要目送客人远去，并致以最后的寒暄。这段文字说的就是送行之事，莱故翻译的《华英四书》将此处做了这样的处理：

The visitor is not turning round any more.

并做了注释加以说明：

The ways of China, it appears, were much the same anciently as now. A guest turns round and bows repeatedly in leaving, and the host can not return to his place till these salutations are ended.

我认为这种解释和处理办法甚是妥帖。

239

入公門。鞠躬如也。如不容。立不中門。行不履閾。過位。色勃如也。足躩如也。其言似不足者。攝齊升堂。鞠躬如也。屏气不息者。出。降一等。逞颜色。怡怡如也。没阶。趋进。翼如也。复其位。踧踖如也。

【训】公門に入るには、鞠躬如たり。容れられざるが如し。立つこと門に中らず、行くに閾を履まず。位を過ぐるには、色、勃如たり、足、躩如たり。其の言は足らざる者に似たり。齊を摂げて堂に升るには、鞠躬如たり。気を屏めて、息せざる者に似たる者に似たり。出でて一等を下れば、顔色を逞ち、怡怡如たり。階を没して趨り進むには、翼如たり。其の位に復りては、踧踖如たり。

【新】孔子进入宫殿的正门时，身体前屈，弯腰低头，像是天花板压下来一样。孔子从不在门的中央停下脚步，迈门槛时不用脚踩踏门槛。在君主座位前面通过时，孔子神情严肃，脚步迅速。说话时，

孔子语言简洁。撩着衣服下摆从台阶上进入大殿时，孔子屈身低头，闭口不言，屏息静气。从大殿出来时，每下一级台阶，神色就显得安心了一些，表情也渐渐舒畅放松了。等到完全下来之后小步快行时，步伐轻快得像长了翅膀一样。回到庭中自己的座位时，表情已经变得安然、镇定。

240

私観には、愉愉如たり。

享礼には容色あり。

ところあるが如し。足は蹈蹈として循う

として戦く色あり。下ぐるには授くるが如

くし、下ぐるには授くるが如し。勃如

えざるが如くす。上ぐるには揖するが如

【训】圭を執るには鞠躬如たり。勝

礼有容色。私覿。愉愉如也。

下如授。勃如战色。足蹈蹈如有循。享

执圭。鞠躬如也。如不胜。上如揖。

【新】（出使别国的时候，孔子将代君主保管的玉质的）圭双手奉上，上身前屈，宛如身荷重负一般。高举时使之与头部同高，落下时则停在及腰处的位置，神情紧张，战战兢兢。走路时轻手轻脚，擦地而行。到了正式的宴会上，孔子的姿态才放松一些，及至私人交往时，便更加无所拘泥、和气亲切了。

君子不以绀緅饰。红紫不以为亵服。当暑袗絺绤。必表而出之。缁衣羔裘。素衣麑裘。黄衣狐裘。亵裘长。短右袂。必有寝衣。长一身有半。狐貉之厚以居。去丧无所不佩。非帷裳。必杀之。羔裘玄冠不以吊。吉月。必朝服而朝。

【训】君子は紺緅を以て飾りとせず。紅紫は以て亵服と為さず。暑に当っては袗の絺綌もてす。必ず表してこれを出す。緇衣には羔裘、素衣には麑裘、黄衣には狐裘。亵裘は長く、右袂を短くす。必ず寝衣あり。長さ一身有半。狐貉の厚き以て居る。喪を去れば佩びざる所なし。帷裳に非ざれば、必ずこれを殺す。羔裘玄冠は以て弔せず。吉月には必ず朝服して朝す。

【新】（有身份的人在着装方面有很多讲究，孔子很遵守这些规矩。）不能用天青色和暗褐色做衣服的镶边。不用红色和紫色作为日常衣着的颜色。暑天穿麻布单衣，但里面一定要穿上贴身的内衣。罩衫的面料上，黑色的要用羔羊毛皮制成，白色的要用鹿的毛皮制成，黄色的要用狐的毛皮制成。平常穿的毛皮衣服长度较长，右边的袖兜要做得短些。睡觉时一定要穿睡衣，长度要是本人身长的一倍半。狐貉的毛皮做成的厚毯可用于休息的场所。如果不在服丧期间，佩戴什么装饰品都可以。如果不是祭服，衣服下摆的褶皱不要去掉。去吊丧时，不能穿羔羊皮的皮袍、戴黑色的冠。每月的第一天，一定要穿着礼服去拜见君主。

<u>242</u>

齐必有明
衣。布。齐必
变食。居必迁
坐。

【训】斉す
るには必ず明
衣あり、布も
てす。斉する
には必ず食を
変ず。居には
必ず坐を遷す。

【新】有祭祀活动时，一定要在沐浴后穿上特制的白色礼服，用麻布缝制；斋戒时一定要用特制的食物净身慎心；休息时一定要把座位移至别处。

<u>243</u>

食不厌精。脍不厌细。食饐而餲。鱼馁而肉败不食。色恶不食。臭恶不食。失饪不食。不时不食。割不正不食。不得其酱不食。肉虽多。不使胜〔食·气〕饩。唯酒无量。不及乱。沽酒市脯不食。不撤姜食。不多食。祭于公。不宿肉。祭肉不出三日。出三日不食之矣。食不语，寝不言。虽疏食菜羹瓜。祭必齐如也。

【训】食は精なるを厭わず、膾は細きを厭わず。食の饐して餲し、魚の餒し肉の敗れたるは食わず。色の悪きは食わず、臭の悪きは食わず、飪を失えば食わず。時ならざるは食わず。割くこと正しからざれば食わず。其の醤を得ざれば食わず。肉は多しと雖も食に勝たしめず。唯だ酒は量なし、乱に及ばず。沽酒市脯は食わず。薑を撤して食わず。多くは食わず。公に祭れば肉を宿めず。祭肉は三日を出ださず。三日を出づれば、これを食わず。食うに語らず、寝ねては言わず。疏食菜羹瓜と雖も、祭れば必ず斉如たり。

【新】稻米捣得越白越好，肉类切得越细越好。饭食发霉变味、鱼肉腐烂变质，不吃；颜色不正，不吃；气味难闻，不吃；烹饪方法不对，不吃；不当季的食物，不吃；切口不好看的食物，不吃；酱料不合适的食物，不吃。即使席上有很多肉类，吃的量也不要超过主食。只有酒不限量，但不可喝醉。街市店铺里卖的酒和干肉，不吃。不把姜扒到一边，只吃肉类。不吃得过多。从君主祭祀典礼上领回来的肉，在当天就要处理完。自家的祭肉也要在三天之内吃完，如果存放超过三天，就不吃了。吃饭时不说长话。上床后不说话。即便是和平时一样的米饭、菜汤、瓜果等，用于祭祀时，也一定要毕恭毕敬地供奉，之后也不可简慢（参见《全集》第四卷第 83 页）。

<u>244</u>

席不正。不坐。

【训】席正しからざれば、坐せず。

【新】座席摆得不端正时，一定将其摆正再坐。

古代中国人在日常生活中有一种习惯，就是在一个形状类似于床铺的台子上铺上座席，像日本人那样合并双膝坐在

席子上。这个席子就相当于日本的蒲团坐垫，如果没有放正，其四条边没有与台子的四边平行，就不要随便地直接坐上去。

245

乡人饮酒。杖者出。斯出矣。乡人傩。朝服而立于阼阶。

【训】郷人、飲酒するに、杖する者出づれば、斯に出づ。郷人、儺するときは、朝服して阼階に立つ。

【新】在乡里举行宴会时，要等拄着拐杖的老人都回去了，自己再随后离开。在乡里举行的仪式上，驱鬼的队伍到来时，要穿着礼服，站在入口的台阶上等候（参见《全集》第四卷第35页）。

246

问人于他邦。再拜而送之。康子馈药。拜而受之。曰。丘未达。不敢尝。

【训】人を他邦に問わしむるには、再拝してこれを送る。康子、薬を饋る。拝してこれを受く。曰く、丘、未だ達せず。敢て嘗めず、と。

【新】派使者出使别国访问时，孔子送行，要向使者一拜再拜。康子向孔子赠送药物，孔子拜谢后收下了。过了一段时间再见面时，孔子对康子说，可能让您见笑了，其实，因为担心阴阳方位的吉凶，我还未敢服用。

"未达"指的是"还不能超越阴阳方位的吉凶和相克以达到彻悟"。这是为谢绝他人的好意而使用的理由，是最委婉的拒绝方式，或是当时最常用的郑重口吻，即使在当今日本有时也会用到。只是，不管怎么说，对迷信深信不疑，都是无可救药的。

247

厩焚。子退朝曰。伤人乎不问马。

【训】厩焚けたり。子、朝より退いて曰く、人を傷るか、と。馬を問わず。

【新】孔子家的马棚着火了，孔子退朝回来，问，有人受伤了吗？没有问到马。

君赐食。必正席。先尝
之。君赐腥。必熟而荐之。君
赐生。必畜之。侍食于君。君
祭先饭。疾。君视之。东首。
加朝服。拖绅。君命召。不俟
驾行矣。

【训】君、食を賜えば、
必ず席を正して先ずこれを嘗
む。君、腥を賜えば、必ず熟
してこれを薦む。君、生を賜
えば、必ずこれを畜う。君に
食に侍するに、君祭れば先ず
飯す。疾ありて、君、これを
視れば、東首し、朝服を加
え、紳を拖く。君、命じて召せば、
駕を俟たずして行く。

【新】君主赐以菜品时，一定端正坐姿，自己先尝一尝；君主赐
以生肉时，一定将其煮熟，供奉给先祖；君主赐以活的动物时，一定
好生饲养。陪君主一起进餐时，看君主先夹了一箸作为供品时，要马
上开始进食。患病在身，君主来看望时，要将枕头朝东，在被褥上披
上朝服，再围上腰带。接到君主召见的命令时，要在命人准备马车的
同时，自己就走出门去。

"不俟驾行"的意思是，如果是平时外出，会先命人备好
马车，等人报告说马已经拴好、准备完毕后，再从门口出来，
乘马车出去。但因为君主的召唤或许是出于急事，所以要尽
可能地避免浪费时间，不让很快就准备好的马车等着自己，
也不等人来报告已经准备好马车，自己就抢先出去，等着马
车备好。也许在门前等待马车是最合理的做法吧。

此句中的"祭"，指每顿饭前先夹一箸饭作为供品放在旁
边。水户齐昭的百姓人偶就是为了这一用途而制作的。据说
禅宗也有这一习惯。

249

入太庙。每事问。

【训】太廟に入りて、事ごとに問えり。

【新】与前面第 55 段重复。

250

朋友死。无所归。曰。于我殡。朋友之馈。虽车马。非祭肉不拜。

【训】朋友死して帰する所なければ、曰く、我において殯せよ、と。朋友よりの饋は、車馬と雖も、祭肉に非れば拜せず。

【新】朋友死了，身边又没有亲人时，孔子说，把棺材放在我家里吧。朋友送来的赠品，即使是像车和马这样的贵重物品，孔子也从未拜谢收受。只有赠送的是与人分享的祭肉时，孔子才会行拜谢之礼。

251

寝不尸。居不容。见齐衰者。虽狎必变。见冕者与瞽者。虽亵必以貌。凶服者式之。式负版者。有盛馔。必变色而作。迅雷风烈必变。

【训】寝ぬるに尸せず。居るに容つくらず。齐衰する者を见れば、狎れたりと雖も必ず变ず。冕する者と瞽者とを见れば、亵れたりと雖も必ず貌を以てす。凶服する者はこれに式す。负版する者に式す。盛馔あれば、必ず色を变じて作つ。迅雷风烈には必ず变ず。

【新】睡觉时双腿不直挺挺地伸着。休息时不装束打扮。见到穿着孝衣的人，不管是第几次，都要面露哀伤；看见穿着礼服的人和失明的人时，即使是很亲密的朋友，也要改变装束、礼貌对待。遇到身穿丧服的人时，要从马车上打招呼致意；看到手臂上戴着黑纱的人也会点头致意。如果受到别人用心的款待，要调整神情，起身致谢。雷雨、暴风天气时，要端正坐姿，以对天表示郑重的敬畏。

252

升车必正立执绥。车中不内顾。不疾言。不亲指。

【训】車に升るに必ず正立して綏を執る。車中にては、内顧せず、疾言せず、親指せず。

【新】乘坐马车时，一定先端正地站好，然后拉着缰绳上车。在马车行进途中，不回头看，不快速说话，不用手指指点某个方向。

253

色斯举矣。翔而后集。曰。山梁雌雉。时哉时哉。子路共之。三嗅而作。

【训】色すれば斯に挙る。翔りて後に集まる、とあり。曰く、山梁の雌雉、時なるかな、時なるかな、と。子路これを共せしに、三たび嗅いで作ちたりき。

【新】古时候有一首（描写野雉警惕性很强的）诗，写的是野鸡感觉到人的脸色不善，于是向高处飞去，在空中盘旋一圈之后再飞下来。孔子对此解释说，这首诗是在告诉我们，对于停在山间浮桥上的雌鸡，时机很重要，不要看错时机。这是在子路供上野鸡的肉时，孔子讲的一段话。说完后，为了不辜负子路的好意，孔子特地闻了三遍野鸡之味，然后起身离席（参见《全集》第四卷第 144 页）。

先进第十一

（254～278）

254

子曰。先进于礼
乐。野人也。后进于
礼乐。君子也。如用
之。则吾从先进。

【训】子曰く、先
進の礼楽におけるや、
野人なり。後進の礼楽
におけるや、君子な
り。如しこれを用うる
には、吾れは先進に従
わん。

【新】孔子说，过去先辈们具备的教养像乡下人一样质朴，现在
人们的教养完全像是文化人的风格。可要说哪种才是真正的教养，我
认为是过去先辈们的那种。

255

子曰。从我于陈蔡
者。皆不及门也。德行。
颜渊。闵子骞。冉伯牛。
仲弓。言语。宰我。子
贡。政事。冉有。季路。
文学。子游。子夏。

【训】子曰く、我に
陈蔡に従いし者は、皆
な門に及ばざりき。德
行には顔淵、閔子騫、
冉伯牛、仲弓。言語に
は宰我、子貢。政事に
は冉有、季路。文学に
は、子游、子夏ありき。

【新】孔子说，受困于陈、蔡两国之时，弟子们无人能在入城门
时追赶上我。这些弟子中，德行好的有颜渊、闵子骞、冉伯牛、仲
弓；善于言辞的有宰我、子贡；精于政事的有冉有、季路；擅长诗书
礼乐的有子游、子夏。

　　"不及门"的解释有很多种。郑玄的解释是，如果"门"指升迁之"门"的话，"不及门"就是没有做官、没有逢时得势之意。朱子将"门"理解为"孔子的门下"，将"不及门"理解为当时逃亡离散，无人再到孔子门下了。

　　然而，"及"字原意为"赶上"，且从第132段可见，"门"字单用，意为"城门"。《左传·宣公十四年》载有"剑及于寝门之外"一句，意为随从持剑而奔，直至寝门之外才追上并将剑交还。因此，我也将《论语》中此句的含义理解为，弟子们被困，以致散落各处，无人能在入城门时赶上孔子。也就是与第275段中"颜渊后"的含义相似。本人认为，作为孔子的回忆，这样的解释应该是最为贴切的。

256

子曰。回也。非助我者也。于吾言无所不说。

【训】子曰く、回や、我を助くる者に非ざるなり。吾が言において説ばざるところなし。

　　【新】孔子说，颜回不是帮我增长学问的人。对于我说的话，他总是全部赞成，并且照着执行。

257

子曰。孝哉闵子
骞。人不间于其父母
昆弟之言。

【训】子曰く、孝
なるかな閔子騫。人、
其の父母昆弟〔の言に
間せず〕を間するの言
あらず。

【新】孔子说，闵子骞真是孝顺之人，谁也不会说他父母兄弟的坏话。

"间"是第205段中"间然"的"间"。但是，有观点认为，这样的直译过于平常，于是将其解释为"对于他父母称赞他的话别人也毫不怀疑"。然而，《论语》记录的本来就是讲述平常真理的文字。由于闵子骞的孝行，他的一家人都不会被外人说坏话，这才是优秀的孝子吧。

258

南容三复白圭。
孔子以其兄之子妻之。

【训】南容、三
たび白圭を復す。孔
子、其の兄の子を以
てこれに妻あわす。

【新】南容常常诵读《诗经》中关于白圭的几句诗，三次被孔子听到，孔子便把自己兄长的女儿嫁给了他。

"白圭"之句出自《诗经·大雅·抑》："白圭之玷，尚可磨也；斯言之玷，不可为也。"白玉上有了斑点，还可以磨掉；我们的言论中有了毛病，就无法挽回了。关于南容这一人物的内容在第 93 段中也出现过。

259

季康子问。弟子孰为好学。孔子对曰。有颜回者好学。不幸短命死矣。今也则亡。

【训】季康子問う、弟子孰れか学を好むと為す。孔子対えて曰く、顔回なる者ありて学を好む。不幸、短命にして死せり。今や則ち亡し。

【新】与第 121 段几乎完全相同，只是由"哀公"变为"季康子"。

260

颜渊死。颜路请子之
车。以为之椁。子曰。才
不才。亦各言其子也。鲤
也死。有棺而无椁。吾不
徒行以为之椁。以吾从大
夫之后。不可徒行也。

【训】顔淵死す。顔
路、子の車を請い、以て
これが椁を為らんとす。
子曰く、才、不才あるも、
亦た各々其の子と言うな
り。鯉や死せしとき、棺
ありて椁なし。吾れ徒行
して以てこれが椁を為ら
ざりしは、吾れは大夫の
後に従い、徒行すべから
ざりしを以てなり。

【新】颜渊死了，其父颜路请求孔子将车子给他，让他为儿子置办外椁。孔子说，不管有才无才，每个人都有自己的孩子。我的儿子鲤死了，也只有内棺，没有外椁。我没有为了给儿子置办外椁而卖掉车子自己步行，因为我好歹也身居大夫之位，无法不坐车只是步行往来于大道上。

261

颜渊死。子曰。噫。天
丧予。天丧予。

【训】顔淵死す。子曰
く、噫。天、予を喪すか。
天、予を喪すか。

【新】颜渊死了，孔子叹道，唉，老天爷是要我的命啊！这和我自己死了别无两样啊！

262

颜渊死。子哭之恸。从者曰。子恸矣。曰。有恸乎。非夫人之为恸。而谁为。

【训】颜渊死す。子、これを哭して恸す。従者曰く、子、恸するか。曰く、恸あらんには、夫の人の為に恸するに非ずして、誰が為にせん。

【新】颜渊死了，孔子悲痛欲绝，放声痛哭。从者们说，先生，您这么伤心，会伤身体的啊！孔子说，什么也别说了。只是对这个人，让我想怎么痛哭就怎么痛哭吧！

263

颜渊死。门人欲厚葬之。子曰。不可。门人厚葬之。子曰。回也。视予犹父也。予不得视犹子也。非我也。夫二三子也。

【训】颜渊死す。门人、厚くこれを葬らんと欲す。子曰く、不可なり、と。门人、厚くこれを葬れり。子曰く、回や、予を视ること犹お父の如かりき。予は视ること犹お子のごとくするを得ず。我に非ざるなり。夫の二三子なり。

【新】颜渊死了，孔子的门人想为其办一场隆重的葬礼。孔子说，不可以。可是，最终门人还是将其厚葬了。孔子说，颜回把我当成亲生父亲一样看待，但是我却没能像对待亲生儿子一样对待颜回。这不是我自身的原因，是一些人多管闲事所致啊！

264

子曰。未能事人。焉能事鬼。曰。敢问死。曰。未知生。焉知死。

季路问事鬼神。

【训】季路、鬼神に事うるを問う。子曰く、未だ人に事うる能わず、焉んぞ能く鬼に事えん。曰く、敢て死を問う。曰く、未だ生を知らず、焉んぞ死を知らん。

【新】季路询问孔子，怎样侍奉先祖之灵才好。孔子说，还不能很好地侍奉活人，怎么去侍奉死人？季路又问，死是怎么一回事？孔子说，还没有弄明白生的问题，怎么能够了解死？

265

闵子侍侧。訚訚如也。子路。行行如也。冉有。子贡。侃侃如也。子乐。若由也。不得其死然。

【训】闵子、側に侍す、訚訚如たり。子路、行行如たり。冉有、子贡、侃侃如たり。子楽しむ。由の若くんば、其の死然を得ざらん。

【新】侍立在孔子左右的人之中，闵子像身着礼服一样拘谨正直，子路气宇轩昂，冉有、子贡表情温和亲切，孔子非常满意。不过（孔子说），我很担心仲由这样的人不能善终。

266

魯人為長府。閔子騫曰。仍舊貫。如之何。何必改作。子曰。夫人不言。言必有中。

【训】魯人、長府を為らんとす。閔子騫曰く、舊貫に仍らば、これを如何せん。何ぞ必しも改め作らん。子曰く、夫の人言わず、言えば必ず中るあり。

【新】鲁国翻修了宝库。闵子骞说，原来就很好，为什么非要翻修不可呢？没有翻修的必要。孔子说，这个人不随便说话，一旦开口就一定说得有道理。

闵子说的话听上去像是政府的发言，但事实如何无从知晓。将"如之何，何必改作"中的"何"字去掉，改为"如之，何必改作"的话，文意似乎更通顺，但是按照原来的解释也不是让人理解不了，故而暂且按照旧译解释。

267

子曰。由之瑟。奚为于丘之门。门人不敬子路。子曰。由也升堂矣。未入于室也。

【训】子曰く、由の瑟、奚すれぞ、丘の門に於てせん。門人、子路を敬せず。子曰く、由や、堂に升れり。未だ室に入らざるのみ。

【新】孔子说，子路不适合在我的家中弹琴。听孔子这样说，门人们都开始轻视子路。孔子说，子路的技术已经在普通人的水平之上，只不过还达不到我要求的水平罢了。

268

子贡问。师与商也孰贤。子曰。师也过。商也不及。曰。然则师愈与。子曰。过犹不及。

【训】子貢問う、師と商と孰れか賢れる。子曰く、師や過ぎたり。商や及ばず。曰く、然らば則ち師愈れるか。子曰く、過ぎたるは猶お及ばざるがごとし。

【新】子贡问，师和商两人谁更优秀？孔子说，师做的有些过了，商做的有些不够。子贡说，那就是说师更优秀吗？孔子说，做的过分和做的还不够都是一样的。

269

子曰。非吾徒也。小子
求也为之聚敛而附益之。
季氏富于周公。而

鸣鼓而攻之。可也。

【训】季氏、周公
よりも富む。而して求
や、これが為に聚斂し
てこれに附益す。子曰
く、吾が徒に非ざるな
り。小子、鼓を鳴らし
てこれを攻めて可なり。

【新】季氏比过去的周公还要有钱，尽管如此，冉求还担任季氏的代官，替他向民众课以重税，进一步增加其财产。孔子说，他（冉求）已经不是我的弟子了，你们可以大张旗鼓地去攻击他了。

270

师也辟。由也喭。
柴也愚。参也鲁。

【训】柴や愚、参
や魯、師や辟、由や喭
なり。

【新】(孔子说)高柴非常正直，曾参为人迟钝，颛孙师爱慕虚荣，仲由鲁莽粗野。

271

子曰。回也其庶乎〔〇〕。屡空。赐不受命。而货殖焉。亿则屡中。

【训】子曰く、回や其れ〔庶いかな。屡々空し〕。屡々空しきに庶し。赐は命を受けずして货殖す。億れば则ち屡々中る。

【新】孔子说，颜回长年过着贫穷的日子，可赐即使没有外人强迫也很热衷于赚钱，他对市场行情总能猜中。

赐，即子贡，据说是孔子门中负责财务的人。"不受命"一句在以往的解释中被理解为"不接受天命"，未免有些夸张。当时的赚钱，主要指在市场上对商品的买卖，存在很多投机的因素。

颜回完全没有任何经济手腕，不要说对孔子门中有什么贡献，就连自己都一直过着清贫的生活。此处在以往的解释中将"其庶乎"三字作为一个断句，理解为接近"道"的境界。其根本态度为在道德性说教方面起到一定作用，哪怕只是少量的。

<u>272</u>

子張問善人之道。
子曰。不践迹。亦不入
于室。

【训】子張、善人
の道を問う。子曰く、
迹を践まざれば、亦た
室に入らず。

【新】 子张问什么是善人之道。孔子说，如果不循着善人的脚印走，就无法进入善人的行列。

善人与知者、贤人一样，是仅次于仁者的杰出人物。所谓"善人之道"，就像在"先王之道""文武之道""古之道""夫子之道"等例子中看到的那样，被理解为善良之人所遵循的道路。如果效仿善人，就能明白善人之道了。

<u>273</u>

子曰。论笃是与。
君子者乎。色庄者乎。

【训】子曰く、論の
篤きに是れ与す、とあ
り。君子者か、色荘な
る者か。

【新】孔子说，古语道，要赞许言论笃实之人。所谓言论笃实之人，是真正有教养的君子呢，还是只是表面上庄重的人呢？

274

子路問聞斯行諸。子曰。有父兄在。如之何其聞斯行之。冉有問聞斯行諸。子曰。聞斯行之。公西華曰。由也問聞斯行諸。子曰。有父兄在。求也問聞斯行諸。子曰。聞斯行之。赤也惑。敢問。子曰。求也退。故進之。由也兼人。故退之。

【訓】子路、聞けば斯にこれを行う、（の語）を問う。子曰く、父兄の在すあり、これを如何ぞ其れ、聞いて斯にこれを行わんや。冉有、聞けば斯にこれを行う、を問う。子曰く、聞けば斯にこれを行うなり。公西華曰く、由や、聞けば斯にこれを行う、を問いしに、子曰く、父兄の在すあり、と。求や、聞けば斯にこれを行う、を問いしに、子曰く、聞いて斯にこれを行うなり、と。赤や惑う。敢て問う。子曰く、求や退く。故にこれを進む。由や人を兼ぬ。故にこれを退く。

【新】子路问，有句话说"闻斯行诸"，这里有什么含义吗？孔子说，父亲和兄长还活着，听到之后就立刻去做的事应该是不会有的。冉有（求）问，"闻斯行诸"这句话有什么含义吗？孔子说，就像这句话中所说，听到之后马上去做，这很重要。公西华问，子路问先生这句话的含义时，您教导说要考虑还活着的父亲和兄长的意见；之后冉求问先生这句话的含义时，先生却说应该听到之后马上就去做。我感到难以理解，所以再次来向您请教。孔子说，冉求做事犹豫不决，所以我鼓励他；子路做事强硬坚决，所以我要压一压他的气势。

子畏于匡。颜渊后。子曰。
吾以女为死矣。曰。子在。回
何敢死。

【训】子、匡に畏す。顔
淵、後る。子曰く、吾れ女を以
て死せりと為す。曰く、子在
す、回、何ぞ敢て死せん。

【新】孔子在匡遇到了危险，颜渊与先生一行走散，没有了踪影，最后才赶上来。孔子说，我以为你已经死了。颜渊说，只要先生您在，我就无论如何也要活下去。

季子然问。仲由冉求。可谓大
臣与。子曰。吾以子为异之问。曾
由与求之问。所谓大臣者。以道事
君。不可则止。今由与求也。可谓
具臣矣。曰。然则从之者与。子
曰。弑父与君。亦不从也。

【训】季子然、問う、仲由、冉
求は大臣と謂うべきか。子曰く、
吾れは子を以て、異るをこれ問う
と為す。曾わち由と求とをこれ問
う。いわゆる大臣なる者は、道を
以て君に事え、可ざれば則ち止
む。今、由と求や、具臣と謂うべ
きなり。曰く、然らば則ちこれに
従う者か。子曰く、父と君とを弑
するには、亦た従わざるなり。

【新】季子然问，（如果现在任用）仲由和冉求，他们有资格成为大臣吗？孔子说，咦，这真是个奇怪的问题。我没有想到你问的是仲由和冉求。可是，你所问的大臣，是秉持正义侍奉君主之人，如果不秉持正义，就应很快离开其位。现在仲由和冉求还没有做到这种程度，所以，一定是那种去凑人数的随从大臣吧。季子然又问，那样的话，他们会完全听命于主人吗？孔子说，杀父、杀君这样的事情，他们一定不会顺从。

277

子路使子羔为费宰。子曰。贼夫人之子。子路曰。有民人焉。有社稷焉。何必读书。然后为学。子曰。是故恶夫佞者。

【训】子路、子羔をして費の宰たらしむ。子曰く、夫の人の子を賊う、と。子路曰く、民人あり、社稷あり、何ぞ必ずしも書を読んで、然る後に学と為さん。子曰く、是の故に夫の佞者を悪む。

【新】子路让子羔去做费地的长官，孔子说，简直是误人子弟。子路说，世上有统治人民、守护土地这样重要的工作，做学问不是单纯指背诵经书一件事。孔子说，正因如此，我才讨厌花言巧语之人。

子路。曾皙。冉有。公西华。侍坐。子曰。以吾一日长乎尔。毋吾以也。居则曰。不吾知也。如或知尔。则何以哉。子路率尔而对。曰。千乘之国。摄乎大国之间。加之以师旅。因之以饥馑。由也为之。比及三年。可使有勇。且知方也。夫子哂之。求。尔何如。对曰。方六七十。如五六十。求也为之，比及三年。可使足民。如其礼乐。以俟君子。赤尔何如。对曰。非曰能之。愿学焉。宗庙之事。如会同。端章甫。愿为小相焉。点尔何如。鼓瑟希。铿尔。舍瑟而作。对曰。异乎三子者之撰。子曰。何伤乎。亦各言其志也。曰。莫春者。春服既成。冠者五六人。童子六七人。浴乎沂。风乎舞雩。咏而归。夫子喟然叹曰。吾与点也。三子者出。曾皙后。曾皙曰。夫三子者之言何如。子曰。亦各言其志也已矣。曰。夫子何哂由也。曰。为国以礼。其言不让。是故哂之。唯求则非邦也与。安见方六七十。如五六十。而非邦也者。唯赤则非邦也与。宗庙会同。非诸侯而何。赤也为之小。孰能为之大。

【训】子路、曾晢、冉有、公西華、侍坐す。子曰く、吾れ一日爾に長ずるを以て、吾れを以てする毋れ。居りては則ち曰く、吾れを知らざるなり、と。如し爾を知るものあらば、則ち何を以てせんや。子路、率爾として対えて曰く、千乗の国、大国の間に摂まれ、これに加うるに師旅を以てし、これに因るに饑饉を以てす。由やこれを為め、三年に及ぶおい、勇ありて且つ方を知らしむべきなり。夫子、これを哂う。求、爾は何如。対えて曰く、方、六、七十、如しくは五、六十、求やこれを為め、三年に及ぶ比おい、民を足らしむべし。其の礼楽の如きは、以て君子を俟たん。赤、爾は何如。対えて曰く、これを能くすると曰うには非ず。願わくばこれを学ばん。宗廟の事、如しくは会同に、端章甫して、願わくは小相と為らん。点、爾は何如。瑟を鼓すること希なり。鏗爾として瑟を舎いて作つ。対えて曰く、三子者の撰に異なり。子曰く、何ぞ傷まんや。亦た各々其の志を言うなり。曰く、暮春には、春服既に成る。冠する者五、六人、童子六、七人、沂に浴し、舞雩に風し、詠じて帰らん。夫子、喟然として歎じて曰く、吾れは点に与せん。三子者出づ。曾晢後る。曾晢曰く、夫の三子者の言は何如。子曰く、亦た各々其の志を言うのみ。曰く、夫子、何ぞ由を哂うや。曰く、国を為むるには礼を以てす。其の言譲らず。是の故にこれを哂う。唯だ求は則ち邦に非ざるか。安んぞ方六、七十、如しくは五、六十にして、邦に非ざる者を見んや。唯だ赤は則ち邦に非ざるか。宗廟、会同は諸侯に非ずして何ぞ。赤やこれが小たらば、孰れか能くこれが大と為らん。

【新】子路、曾皙、冉有、公西华四人陪孔子坐着。孔子说，虽然我是老师，但今天想请大家不要顾虑，畅所欲言。你们闲谈时，总是把无人赏识自己的才能而任用自己挂在嘴边，如果真的有了被重用的机会，你们想做什么呢？子路迫不及待地开始发言，假如有一个常备有千乘战车的国家，夹在大国之间，因战争而凋敝，因遭受饥荒而贫穷。如果我来掌管这个国家的政治，三年的时间我就能让其再度恢复活力，而且将其建设成一个尊道重义的国家。孔子听了之后意味深长地笑了笑。孔子问，冉求，你怎么样？冉求回答道，国土纵横六七十里，不，更小一些的五六十里的土地，如果让我来掌管其政治，三年之后可以让人民生活富足。我没有信心让其发展到文化水平更高的阶段，期待出现更加优秀的人才。孔子说，公西赤，你怎么样？公西赤回答说，我不敢说有信心，只是说说希望吧。我想在宗庙上祭祀先祖或在宾客汇聚的集会等场合，穿着整洁的衣服，戴着礼帽，做一个协助完成礼节的小司仪。孔子说，曾点，你怎么样？曾点在这之前一直将琴放于膝上，手指偶尔在琴弦上拨动弹奏。这时他将琴铿然放在一侧，端正坐姿，回答说，我的想法和前面几位有所不同，这让我有些困惑。孔子说，但说无妨，大家只不过是分别说说各自的志向而已。曾点说，暮春四月，穿上春装，带着五六个年轻人、六七个孩子一起去游山玩水，在沂水的河里沐浴，在舞雪的广场上吹吹风，一边唱着歌一边走回家。听到这些，孔子深深叹息了一下，说，我同意曾点的主张啊。其他三人退出去之后，只有曾皙（点）留下来了。曾皙说，那三位说的话您觉得怎么样？孔子说，大家不过是分别说说各自的志向罢了。曾皙说，但是您为什么对仲由的话发笑呢？孔子说，如果要治理国家，就应该遵循礼节，仲由自己也这么说，可是他却说出了并不谦虚的话，所以才觉得他好笑。冉求为自己设想的场景难道就不是一个优秀的国家吗？怎见得纵横六七十里或五六十里的地方就不是国家呢？难道公西赤所讲的不是国家吗？宗庙祭祀、诸侯会同之事，不是诸侯的大事又是什么呢？而且公西赤还说有所顾虑只想做一个司仪，如果公西赤只做一个司仪，那么到底谁才能做大相呢？

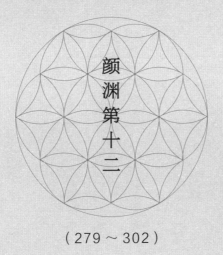

颜渊第十二

（279～302）

颜渊问仁。子曰。克己复礼为仁。一日克己复礼。天下归仁焉。为仁由己。而由人乎哉。颜渊曰。请问其目。子曰。非礼勿视。非礼勿听。非礼勿言。非礼勿动。颜渊曰。回虽不敏。请事斯语矣。

【训】顔淵、仁を問う。子曰く、己れに克ち、礼に復えるを仁と為す。一日、己れに克ちて礼に復えらば、天下仁に帰せん。仁を為すは己れに由る、而して人に由らんや。顔淵曰く、其の目を請い問う。子曰く、非礼は視る勿れ、非礼は聴く勿れ、非礼には言う勿れ、非礼には動く勿れ。顔淵曰く、回、不敏なりと雖も、請う、斯の語を事とせん。

【新】颜渊问仁是什么。孔子说，战胜私心，回归到普遍的礼的精神上来，就是仁。特别是掌权之人，哪怕只有一天战胜了私心，回归到礼的精神上来，天下的人民也会在那一天之中被其仁德所感化。实行仁，要靠自己用心，不是通过对方来改变的。颜渊说，希望您解释得更详细些。孔子说，不合于礼的事不看，不合于礼的话不听，不合于礼的话不说，不合于礼的事不做。颜渊说，我虽然不知道自己能不能做到，但是我会努力照您说的去做。

280

仲弓问仁。子曰。出门
如见大宾。使民如承大祭。
己所不欲。勿施于人。在邦
无怨。在家无怨。仲弓曰。
雍虽不敏。请事斯语矣。

【训】仲弓、仁を問う。
子曰く、門を出でては大賓
を見るが如く、民を使うに
は大祭を承くるが如くす。
己れの欲せざる所は、人に
施すことなかれ。邦にあり
て怨みなく、家にありても
怨みなし。仲弓曰く、雍、
不敏なりと雖も、請う、こ
の語を事とせん。

【新】仲弓问仁是什么。孔子说，只要迈出家门一步，就总是怀着像接待重要的贵宾一样谨慎的心情，役使人民时总是像承办大型祭典一样秉持严肃庄重的态度；自己所不喜欢的事，就不要强加于别人。这样就不会被一国的人民所怨恨，也不会被一家的下人所怨恨。仲弓说，我虽然不知道自己能不能做到，但是我会努力照您说的去做。

281

司马牛问仁。子曰。
仁者其言也讱。曰。其言也
讱。斯谓之仁已乎。子曰。
为之难。言之得无讱乎。

【训】司馬牛、仁を問
う。子曰く、仁者は其の言
うこと訒し。曰く、其の言
うこと訒くして、斯にこれ
を仁と謂うか。子曰く、こ
れを為すこと難きなり。こ
れを言いて訒きことなきを
得んや。

【新】司马牛问仁是什么。孔子说，仁者在开口说话时很谨慎。司马牛又问，说话时很好地运用语言，就是仁了吗？孔子说，不仅仅是口头上的事，轻易说话本身，就证明还不能很好地运用语言啊。

282

司马牛问君子。子曰。君子不忧不惧。曰。不忧不惧。斯谓之君子已乎。子曰。内省不疚。夫何忧何惧。

【训】司馬牛、君子を問う。子曰く、君子は憂えず懼れず。曰く、憂えず懼れず。斯にこれを君子と謂うか。子曰く、内に省みて疚しからずんば、夫れ何をか憂え、何をか懼れん。

【新】司马牛问有教养的君子是什么样的。孔子说，君子不忧愁，不恐惧。司马牛又问，做到不忧愁、不恐惧，马上就能称为君子了吗？孔子说，（问题就在于以此为前提）反省自己的内心，一点也不感到愧疚的人，才能做到对什么也不忧愁、对什么也不恐惧吧。

司馬牛憂曰。人皆有兄弟。我獨亡。子夏曰。商聞之矣。死生有命。富貴在天。君子敬而無失。與人恭而有禮。四海之内。皆兄弟也。君子何患乎無兄弟也。

【训】司馬牛、憂えて曰く、人には皆な兄弟あり、我れに独り亡し。子夏曰く、商、これを聞く。死生、命あり。富貴は天にあり、と。君子、敬んで失なく、人に与い恭にして礼あらば、四海のうち、皆な兄弟なり。君子、何ぞ兄弟なきを患えんや。

【新】司马牛忧心忡忡地说，别人都有兄弟，只有我没有。子夏说，我听过这样的说法，生死之事都是命中已经定好了的，这与财产和地位由上天赐予是一样的道理。如果你谨慎行事努力做到没有缺失，待人谦虚遵守礼节，那么全世界的人都是自己的兄弟，你也就没有必要感慨自己没有兄弟了。

子張問明。子曰。浸潤之譖。膚受之愬。不行焉。可謂明也已矣。浸潤之譖。膚受之愬。不行焉。可謂遠也已矣。

【训】子張、明を問う。子曰く、浸潤の譖り、膚受の愬え行われざるは、明と謂うべきのみ。浸潤の譖り、膚受の愬え行われざるは、遠と謂うべきのみ。

【新】子张问什么样的人是明察之人。孔子说，如果反复传播的谗言、令人感到切肤之痛的诽谤都一点儿不对他起作用的话，就可以说是明察之人；如果他不给像害虫吃食那样的谗言和令人感到切肤之痛的诽谤任何乘虚而入的机会的话，就可以说是明察而有远见的人了。

285

子贡问政。子曰。足食。足兵。民信之矣。子贡曰。必不得已而去。于斯三者何先。曰。去兵。子贡曰。必不得已而去。于斯二者何先。曰。去食。自古皆有死。民无信不立。

【训】子貢、政を問う。子曰く、食を足らわし、兵を足らわし、民にこれを信ぜしむ。子貢曰く、必ず已むを得ずして去らば、この三者において何れを先にせん。曰く、兵を去る。子貢曰く、必ず已むを得ずして去らば、この二者において何れを先にせん。曰く、食を去る。古より皆な死あり、民、信なければ立たず。

【新】子贡问政治的理想状态是什么样的。孔子说，有粮食储备，军备充足，人民信任为政之人。子贡又问，三者不能同时具备时，首先舍弃的会是什么呢？孔子说，军备的重要性放在最后。子贡问，剩下的两者如果不能同时具备，其次舍弃的会是什么？孔子说，舍弃粮食。虽然政治家没有粮食就会死，但是这是自古以来就有的事。如果没有了人民的信任，那政治也就不存在了。

286

棘子成曰。君子质
而已矣。何以文为矣。子
贡曰。惜乎。夫子之说君
子也。驷不及舌。文犹质
也。质犹文也。虎豹之
鞟。犹犬羊之鞟。

【训】棘子成曰く、
君子は質のみなり。何ぞ
文を以て為さん。子貢曰
く、惜しいかな、夫子の
君子を説くや。駟も舌に
及ばず。文は猶お質のご
とく、質は猶お文のご
ときなり。虎豹の鞟は猶お
犬羊の鞟のごとし。

【新】棘子成说，有教养的君子指的是其本质，表面文雅没有任何意义。子贡说，听到您这种谈论君子的观点，我感到非常可惜。正如"一言既出，驷马难追"这句谚语所言，您说的话已经传到了我的耳朵里。外表不能脱离本质，本质也不能脱离外表。虎和豹之所以珍贵，就是因为它们有美丽的毛皮，如果将它们的毛拔掉制成熟皮，也就和犬、羊的毛皮别无两样了。

287

哀公问于有若曰。年
饥用不足。如之何。有若对
曰。盍彻乎。曰。二吾犹不
足。如之何其彻也。对曰。
百姓足。君孰与不足。百姓
不足。君孰与足。

【训】哀公、有若に問
うて曰く、年饑えて用足ら
ず。これを如何せん。有
若、対えて曰く、盍ぞ彻せ
ざるや。曰く、二なるも吾
れ猶お足れりとせず。これ
を如何ぞ其れ彻せんや。対
えて曰く、百姓足らば、君
孰れと与にか足らざらん。
百姓足らずんば、君孰れと
与にか足らん。

【新】鲁哀公问有若，由于闹饥荒，财政收入不够，该怎么办呢？有若回答说，最好是实行彻法①，收取十分之一的课税。哀公说，收取十分之二的课税尚且还不够，怎么只收取十分之一呢？有若回答说，如果百姓富足了，就不会君主一个人贫困。如果百姓贫困了，君主一个人也无法富足。

288

子张问崇德辨惑。子曰。主忠信徙义。崇德也。爱之欲其生。恶之欲其死。既欲其生。又欲其死。是惑也。〔诚不以富。亦祇以异。〕

【训】子張、徳を崇び惑いを弁ずるを問う。子曰く、忠信を主とし義に徙るは徳を崇ぶなり。これを愛しては其の生を欲し、これを悪んでは其の死を欲す。既に其の生を欲し、又た其の死を欲す。是れ惑いなり。

（以下八字錯出）

【新】子张问"崇德辨惑"这句古语的意思。孔子说，以诚实为宗旨，与正义之事产生共鸣，这就是崇德。因为爱一个人而希望他永远活下去，因为讨厌一个人而希望他死掉，这种情况很常见，结果就会陷入既希望其生又希望其死的状态中，这就是惑。

这一段话的内容与后面第299段很相似。"崇德辨惑"这

① 周代的税制，规定不分公田、私田，根据丰歉情况，征收收获的十分之一。——译者注

一说法出自某部典籍。最后两句"诚不以富，亦祇以异"应该放于第 432 段的开头，而被误放于此处（参见《全集》第四卷第 81 页）。

289

齐景公问政于孔子。孔子对曰。君君臣臣。父父子子。公曰。善哉。信如君不君。臣不臣。父不父。子不子。虽有粟。吾得而食诸。

【训】齐の景公、政を孔子に问う。孔子対えて曰く、〔君、君たり、臣、臣たり。父、父たり、子、子たり。公曰く、善い哉。信〔まこと〕に〔も〕し、君、君たらず、臣、臣たらず、父、父たらず、子、子たらずんば、〕君を君とし、臣を臣とし、父を父とし、子を子とす。公曰く、善い哉。信に如し、君、君とせられず、臣、臣とせられず、父、父とせられず、子、子とせられずんば、粟ありと雖も、吾得てこれを食わんや。

【新】齐景公向孔子询问为政之道。孔子回答说，臣子要把君主当作君主来侍奉，君主要把臣子当作臣子来对待。儿子要把父亲当作父亲来服侍，父亲要把儿子当作儿子来看待。这就是政治的本质。齐景公说，说得太好了。如果君主不能像个君主一样被尊敬，臣子不像个臣子一样被对待，父亲不像个父亲一样被尊敬，儿子不像个儿子一样被看待的话，即使存有粮食，身为君主和父亲的我也一定吃不下（参见《全集》第四卷第 160 页）。

290

子曰。片
言可以折狱者。
其由也与。子路
无宿诺。

【训】子曰
く、片言、以て
狱を折むべき者
は、其れ由なる
か、と。子路は
宿諾なかりき。

【新】孔子说，单凭只言片语就能判决案件的，大概只有仲由吧。子路（不仅有判断力而且还有执行力，）被委托的事一旦承诺了，就绝不会拖到第二天。

"狱"指的不是有罪者服刑的监狱，而是关押嫌犯等待判决的拘留所，还有"判决""诉讼"之意。在以往的解释中，"片言"的意思为"子路仅仅听了只言片语就能对事件加以评论"，于是这成为形容明察秋毫的法官的用语。我认为，这是孔子对于子路言行坦率的性格、明辨善恶的判断力很赏识，所以做出如上翻译。

291

子曰。听讼。
吾犹人也。必也使
无讼乎。

【训】子曰く、
讼を聴くは、吾は
猶お人のごときな
り。必ずや、讼え
なからしめんか。

【新】孔子说，在听取诉讼、裁决是非时，无论谁做，结果都差不多。努力让诉讼之事灭绝，才是最重要的。

这里的"吾"不是作为第一人称指孔子自己，而是被第三人称化的"吾"。换言之，对于之后出现的"人"来说，指的既不是"吾"也不是"人"。

292

子张问政。子曰。居之无倦。行之以忠。

【训】子張、政を問う。子曰く、これに居りて倦むことなかれ。これを行うに忠を以てせよ。

【新】子张询问为政之道。孔子说，切身感受到政治的价值，并孜孜不倦，这很重要。处理政事一定要诚心诚意。

"居"一字有"安居""消遣"之意。不将处理政事看作一件苦差事而勉强为之，在这个过程中就能看出生活的价值了吧。

293

子曰。博学于文。约之以礼。亦可以弗畔矣夫。

【训】子曰く、博く文を学び、これを約するに礼を以てすれば、亦た以て畔かざるべし。

【新】与第 144 段基本相同。

294

子曰。君子成人之美。不成人之恶。小人反是。

【训】子曰く、君子は人の美を成し、人の悪を成さず。小人は是れに反す。

【新】孔子说，我希望诸位把别人的长处当作长处来看待并予以尊重，把别人的短处当作短处来看待并予以同情。我不希望你们做与之相反的事情。

295

季康子问政于孔子。孔子
对曰。政者正也。子帅以正。
孰敢不正。

【训】季康子、政を孔子
に問う。孔子対えて曰く、政
なる者は正なり。子、帅いる
に正を以てすれば、孰れか敢
て正しからざらん。

【新】季康子向孔子询问为政之道。孔子回答说，政治就是正义。您自己率先伸张正义的话，谁还敢做不正义之事呢？

296

季康子患盗。问于孔子。
孔子对曰。苟子之不欲。虽赏
之不窃。

【训】季康子、盗を患え
て、孔子に問う。孔子対えて
曰く、苟も子の欲せざらん
か、これを賞すと雖も窃まざ
らん。

【新】季康子苦于盗贼太多，向孔子询问对策。对此，孔子说，

如果您自身真正做到没有贪欲，（人民也就变得没有贪欲，）即使奖励人们去偷盗，也一定不会有人去做的。

297

季康子问政于孔子曰。如杀无道。以就有道。何如。孔子对曰。子为政。焉用杀。子欲善而民善矣。君子之德风。小人之德草。草上之风必偃。

【训】季康子、政を孔子に問うて曰く、如し無道を殺して以て有道を就さば何如。孔子対えて曰く、子、政を為すに焉んぞ殺を用いん。子、善を欲すれば民善なり。君子の徳は風にして、小人の徳は草なり。草はこれに風を上うれば必ず偃す。

【新】季康子向孔子询问为政之道说，可不可以将无道的恶人杀掉，形成一个只有善人的社会呢？孔子说，您如果真的想好为政，就没有杀人的必要；您如果真的想扬善，人民就不会不善良。如果把为政者的本质比作风，人民的本质就像草。草被风吹过，就一定会随风摆动（参见《全集》第四卷第155页）。

前面第296段中"不欲"一词之前一般理解为"无欲"，解释为"如果季康子无欲的话，人民也就会无欲，从而不会偷盗"。然而，如果与本段一起读的话，将其理解为"由于人民顺从为政者的好恶，所以如果季康子不希望偷盗发生的话，人民也就不会去偷盗"更为合适。另外，如果这一条是孔子

的心里话，那么传说孔子刚刚被鲁国任用从政即诛杀了少正卯，就是很可疑的了。我想少正卯的故事，是法家学说建立起来之后，附会到孔子身上的吧。

298

子张问。士何如斯可谓之达矣。子曰。何哉尔所谓达者。子张对曰。在邦必闻。在家必闻。子曰。是闻也。非达也。夫达也者。质直而好义。察言而观色。虑以下人。在邦必达。在家必达。夫闻也者。色取仁而行违。居之不疑。在邦必闻。在家必闻。

【训】子张、問う。士は何如にして斯にこれを達と謂うべきか。子曰く、何ぞや、爾の所謂る達とは。子張対えて曰く、邦にありても必ず聞こえ、家にありても必ず聞こゆ。子曰く、是れ聞こゆるなり。達にあらざるなり。夫れ達なるものは、質直にして義を好み、言を察して色を観る。慮りありて以て人に下る。邦にありても必ず達し、家にありても必ず達す。夫れ聞こゆるとは、色は仁を取りて行いは違い、これに居りて疑わず。邦にありても必ず聞こえ、家にありても必ず聞こゆ。

【新】子张问，为徒之人修养到什么程度才可以被称为出类拔萃之人，也就是达人呢？孔子说，你说的达人是什么呢？子张回答，被国家任用了就会因此声名远扬，待在家中也会因此为人所知。孔子说，这应该说是闻名，和达人是不同的。真正的达人，正直而坚持正义，善于察言观色，深思熟虑，礼让他人。这样的人才能在被国家任用之后展现出众的业绩，即便没有被任用而闲居在家，也能过着优质

的生活。与之相反，那些有名声的人表面上装作有仁德，实际上却完全相反，可还认为这是理所应当而不加怀疑。如果是这样的人，也能做到被国家任用了就会声名远扬，待在家里也会为人所知。

299

樊迟从游于舞雩之下。曰。敢问崇德。修慝。辨惑。子曰。善哉问。先事后得。非崇德与。攻其恶。无攻人之恶。非修慝与。一朝之忿。忘其身以及其亲。非惑与。

【训】樊遅、従って舞雩の下に遊ぶ。曰く、敢て徳を崇び、慝を脩め、惑いを弁ずるを問う。子曰く、善いかな、問いや。事を先にして得るを後にす。徳を崇ぶにあらずや。其の悪を攻め、人の悪を攻めず。慝を脩むるにあらずや。一朝の忿りに其の身を忘れ、以て其の親に及ぶ。惑いにあらずや。

【新】樊迟陪着孔子在舞雩台下休息。樊迟说，想请问您，"崇德、弃恶、辨惑"这三条的含义是什么呢？孔子说，这是个非常好的问题。先做事，不期待报酬，我觉得这是修养的第一要事，这就是"崇德"。对于自己的过失严厉追究，对于他人的过失不进行人身攻击，这就是"弃恶"。因为一时的愤怒，就忘记了自我，甚至还给父母带来麻烦，悟出这是惑的也就是"辨惑"了。

"崇德、修慝、辨惑"这一说法可能出自求雨祭祀的祷文中，可参见第 288 段。

樊遲問仁。子曰。愛人。問知。子曰。知人。樊遲
未達。子曰。舉直錯諸枉。能使枉者直。樊遲退。見子夏
曰。鄉也吾見于夫子而問知。子曰。舉直錯諸枉。能使枉
者直。何謂也。子夏曰。富哉言乎。舜有天下。選于眾。
舉皋陶。不仁者遠矣。湯有天下。選于眾。舉伊尹。不仁
者遠矣。

【訓】樊遲、仁を問う。子曰く、人を愛す。知を問
う。子曰く、人を知る。樊遲未だ達せず。子曰く、直き
を舉げてこれを枉れるに錯き、能く枉れる者をして直か
らしむ。樊遲退く。子夏を見て曰く、鄉にや吾れ夫子に
見えて知を問うに、子曰く、直きを舉げてこれを枉れる
に錯き、能く枉れる者をして直からしむ、と。何の謂い
ぞや。子夏曰く、富めるかな、言や。舜、天下を有ち、
眾より選んで皋陶を舉げて、不仁者、遠ざかる。湯、天
下を有ち、眾より選んで伊尹を舉げて、不仁者、遠ざか
れり。

【新】樊迟问什么是仁。孔子说，仁就是爱人。樊迟又问什么是
智。孔子说，智就是知人。樊迟没有理解。孔子见状说，将正直的人
提拔上来，将其置于邪恶的人之上，就能使邪恶的人变得正直。樊迟
退了出来，后来见到了师兄子夏，便和他说，刚才我问老师什么是
智，老师说"将正直的人提拔上来，将其置于邪恶的人之上，就能使
邪恶的人变得正直"，这是什么意思呢？子夏说，这是意义非常深刻
的话啊！舜成为天子之后，从众多人之中选择重用皋陶之后，恶人都
逃走了。殷汤王成为天子之后，从众多人之中选择重用伊尹，恶人们
也都逃走了，这句话说的就是这样的道理吧。

301

子贡问友。子曰。忠
告而善道之。不可则止。
毋自辱焉。

【训】子贡、友を問
う。子曰く、忠告して善
くこれを道く。可かれざ
れば止む。自ら辱めら
るるなかれ。

【新】子贡问交友之道。孔子说，为了对方，对其进行忠告，引导对方向善的方向发展。如果对方不能接受就放弃好了，如果太过深入，结果就会自取其辱。

302

曾子曰。君子以文会
友。以友辅仁。

【训】曾子曰く、君
子は文を以て友を会し、
友を以て仁を辅く。

【新】曾子说，诸位以兴趣为中心而彼此结交形成团体，团体形成之后发挥其力量向仁道方向前进，这是很好的。

子路第十三

（303～332）

303

子路问政。子曰。先之
劳之。请益。曰。无倦。

【训】子路、政を問う。子曰く、これに先んじ、こ
れを労う。益を請う。曰く、
倦むことなかれ。

【新】子路问如何处理政事。孔子说，做在下属之前，体谅下属。
子路问，这样做就可以了吗？孔子说，要坚持这么做。

304

仲弓为季氏宰。问政。子
曰。先有司。赦小过。举贤才。
曰。焉知贤才而举之。曰。举
尔所知。尔所不知。人其舍诸。

【训】仲弓、季氏の宰とな
り、政を問う。子曰く、〔有司
を先にし〕先の有司は、小過を
赦し、賢才を挙げよ。曰く、焉
んぞ賢才を知りてこれを挙げ
ん。曰く、爾の知るところを挙
げよ。爾の知らざる所を、人其
れこれを舎かんや。

【新】仲弓做了季氏的家臣，问孔子如何处理政事。孔子说，宽

恕前任官吏的小过失，不断提拔新人就好。仲弓又问，怎样发现并任用人才呢？孔子说，首先任用你熟悉的人。这样的话，即使有你不认识的贤才，别人也会向你举荐。

"先有司"一句原来译为"有司を先にし"，意思是先要让下属各司其职，重视人员的职位分配。但考虑到仲弓刚成为季氏的家臣，所以译为"先の有司（前任官吏）"更为合适。同样意思的内容，在第 470 段中也有表现。

305

子路曰。卫君待子而为政。子将奚先。子曰。必也正名乎。子路曰。有是哉。子之迂也。奚其正。子曰。野哉。由也。君子于其所不知。盖阙如也。名不正。则言不顺。言不顺。则事不成。事不成。则礼乐不兴。礼乐不兴。则刑罚不中。刑罚不中。则民无所措手足。故君子名之必可言也。言之必可行也。君子于其言。无所苟而已矣。

【训】子路曰く、衛君、子を待ちて政を為さば、子は将に奚れをか先にせんとする。子曰く、必ずや名を正さんか。子路曰く、是れあるかな、子の迂なるや。奚んぞ其れ正さん。子曰く、野なるかな、由や。君子は其の知らざる所において、蓋し闕如たり。名正しからざれば、言うこと順ならず。言うこと順ならざれば、事成らず。事成らざれば、礼楽興らず。礼楽興らざれば、刑罰中らず。刑罰中らざれば、民手足を措くところなし。故に君子はこれを名すれば、必ず言うべきなり。これを言えば必ず行うべきなり。君子は其の言において、苟くもするところ無きのみ。

【新】子路问，如果卫国国君要老师治理国家，您打算从何处着手？孔子说，首先必须正名分。子路说，老师您太不了解世事了，这让我很吃惊。为什么要先正名分呢？孔子说，由，你的轻率鲁莽才让我吃惊。一个人不要干预自己不知道的事情。名分不正，政策就无法顺利执行；政策无法顺利执行，政权就会不安稳；政权不安稳，教育就得不到发展；教育得不到发展，刑罚就会出现错误；刑罚出现错误，人民就会手足无措，陷入不安。所以，对于一个稳定的政权来说，名分很重要。遵循名分制定政策，一定要贯彻执行，而且政策必须要经过谨慎的讨论才可以制定。

306

樊遅請学稼。子曰。吾不如老農。請学為圃。曰。吾不如老圃。樊遅出。子曰。小人哉。樊須也。上好礼。則民莫敢不敬。上好義。則民莫敢不服。上好信。則民莫敢不用情。夫如是。則四方之民。襁負其子而至矣。焉用稼。

【訓】樊遅、稼を学ばんと請う。子曰く、吾れは老農に如かず。圃を為るを学ばんと請う。曰く、吾れは老圃に如かず。樊遅出づ。子曰く、小人なるかな、樊須や。上、礼を好めば、民敢えて敬せざるなし。上、義を好めば、民敢えて服せざるなし。上、信を好めば、民敢えて情を用いざるなし。夫れ是の如くなれば、四方の民、其の子を襁負して至らん。焉んぞ稼を用いん。

【新】樊迟向孔子请教如何种田。孔子说，不如向经验丰富的农民请教。樊迟又请教如何种菜。孔子说，不如向经验丰富的菜农请教。樊迟离开后，孔子说，樊迟这个人眼界太小。执政者只要端正自

己的礼节，人民自然会尊敬；执政者只要不偏离正义，人民自然会信服；执政者只要忠实于诺言，人民自然会以真心来回报。要是能做到这些，周围的外邦人就会在晚上背着孩子逃离自己的国邦前来投奔，哪里还用执政者自己种庄稼呢？

307

子曰。诵诗三百。授之以政不达。使于四方。不能专对。虽多亦奚以为。

【训】子曰く、詩三百を誦す。これに政を授くるに政を以てして達せず。四方に使いして専対する能わずんば、多しと雖も亦た奚を以て為さん。

【新】孔子说，一个人能熟练地背《诗经》三百首，却不能处理政务；作为外交使者，也不能凭借自己的决断力促成谈判。学了这么长时间的《诗经》，又有什么用呢？

308

子曰。其身正。不令而行。其身不正。虽令不从。

【训】子曰く、其の身正しければ、令せずして行わる。其の身正しからざれば、令すと雖も従われず。

【新】孔子说，执政者只要端正自己的言行，即使不颁布法令，政治也会昌盛。执政者自己的言行不正，即使颁布法令，人民也不会服从。

309

子曰。鲁卫之政。兄弟也。

【训】子曰く、魯と衛との政は、兄弟なり。

【新】孔子说，鲁卫两国的政事非常相似。

310

子谓卫公子荆。善居室。始有曰。苟合矣。少有曰。苟完矣。富有曰。苟美矣。

【训】子、衛の公子荊を謂う、善く室に居る、と。始めて有るや曰く、苟くも合せり、と。少しく有れば曰く、苟くも完し、と。富有なれば曰く、苟くも美なり、と。

【新】孔子认为卫国的公子荆是懂得安于现状的人。刚开始有自己的房子时，公子荆说，差不多够了；稍微富裕一些时，他说，差不

多都有了；非常富有时，他说，差不多没有什么丢脸的了（他什么时候都很知足）。

311

子適衛。冉有僕。
子曰。庶矣哉。冉有
曰。既庶矣。又何加
焉。曰。富之。曰。
既富矣。又何加焉。
曰。教之。

【訓】子、衛に
適く。冉有、僕たり。
子曰く、庶いかな。
冉有曰く、既に庶し。
又何をか加えん。曰
く、これを富まさん。
曰く、既に富めば、
又何をか加えん。曰
く、これに教えん。

【新】孔子去卫国，冉有为他驾车。孔子说，人真多呀！冉有说，人口已经足够多了，还有什么需要改善的地方吗？孔子说，让他们享受生活。冉有说，让人民享受生活之后，还有什么需要改善的地方吗？孔子说，教育人民。

312

子曰。苟有用我
者。期月而已可也。三
年有成。

【訓】子曰く、苟
くも我を用うる者あら
ば、期月のみにして可
ならん。三年にして成
るあらん。

【新】孔子说，如果有人任用我治理国家，一年后就会取得一些效果，三年后一定会有显著成效。

313

子曰。善人为邦百年。亦可以胜残去杀矣。诚哉是言也。

【训】子曰く、善人、邦を為むること百年ならば、亦た以て残に勝ち殺を去るべし、と。誠なるかな、是の言や。

【新】孔子说，善人持续治理国家一百年，就可以消除残暴和杀戮。这句话说得真对呀！

314

子曰。如有王者。必世而后仁。

【训】子曰く、如し王者あらんも、必ず世にして後に仁たらん。

【新】孔子说，即使是贤能的君主，也要三十年才能改善世间的风气。

子曰。苟正其
身矣。于从政乎何
有。不能正其身。
如〔正人〕政何。

【训】子曰く、
苟くも其の身を
正しくせば、政に
従うに於て何かあ
らん。其の身を正
しくする能わずん
ば、〔如何んぞ人を
正さん。〕政を如何
せん。

【新】孔子说，如果端正自身的言行，就可以从容处理政务；如
果不能端正自身的言行，就无法处理政务。

这里的"正人"应为"政"字。如果拆开"政"字的偏
旁，去掉"攵"旁的上部，就成了"人"。前后相呼应，前半
段里出现"政"字，后半段没有"政"字的话，就会不通顺。
"如政何"的意思是，无法处理政务，危及自身（参见《全
集》第四卷第 90、107 页）。

冉子退朝。子曰。
何晏也。对曰。有
政。子曰。其事也。如有
政。虽不吾以。吾其与
闻之。

【训】冉子、朝よ
り退く。子曰く、何ぞ
晏きや。対えて曰く、
政ありき。子曰く、其
れ事ならん。如し政あ
らば、吾を以てせずと
雖も、吾其れこれに与
り聞かん。

【新】冉子退朝归来。孔子说，为什么回来得这么晚？冉子说，因为有政事。孔子说，是季氏一族的政事吧？如果是鲁国的政事，即便大家都不告诉我，我也有义务自行参与其中。

317

【训】定公、問う。一言にして以て邦を興すべきはこれあるか。孔子対えて曰く、言は以て是の若くなるべからざるも、其れ幾きか。人の言に曰く、君たるは難く、臣たるは易からず、と。如し君たるの難きを知らば、一言にして邦を興すに幾からずや。曰く、一言にして邦を喪すもの、これありや。孔子対えて曰く、言は以て是の若くなるべからざるも、其れ幾きか。人の言に曰く、予れ君たるより楽しきはなし。唯だ其れ言うのみにして、予れに違うなくんば、亦た善からずや。如し善くしてこれに違うなくんば、亦た善からずや。如し善からずして、これに違うなくんば、一言にして邦を喪ぼすに幾からずや。

定公問。一言而可以興邦。有諸。孔子対曰。言不可以若是。其幾也。人之言曰。為君難。為臣不易。不幾乎一言而興邦乎。曰。一言而喪邦。有諸。孔子対曰。言不可以若是。其幾也。人之言曰。予無楽乎為君。唯其言而莫予違也。如其善。而莫之違也。不亦善乎。如不善。而莫之違也。不幾乎一言而喪邦乎。

【新】鲁定公问，一句话就使国家兴盛，有这样的话吗？孔子回答说，没有完全相符的话，但有与之相似的话。经常有人说，做君主很难，但做臣子也不容易。如果懂得了做君主的难处，这就相当于一

句话就使国家兴盛。鲁定公又问，一句话就使国家灭亡，有这样的话吗？孔子回答说，没有完全相符的话，但有与之相似的话。经常有人说，没有比做君主更高兴的事，因为没有人敢违抗我的命令。如果君主说得对，没有人违抗，这样很好；但是如果君主说得不对，却没有人违抗，这就相当于一句话就可以使国家灭亡。

318

叶公问政。子曰。
近者说。远者来。

【训】葉公、政を問う。子曰く、近き者説べば、遠き者来る。

【新】叶公问孔子如何处理政事。孔子说，如果施行的政策可以使身边的人高兴，那么就可以使远方的人前来归附。

319

子夏为莒父宰。
问政。子曰。无欲
速。无见小利。欲
速则不达。见小利
则大事不成。

【训】子夏、莒父の宰となり、政を問う。子曰く、速かなるを欲するなかれ。小利を見るなかれ。速かならんと欲すれば達せず。小利を見れば、大事成らず。

【新】子夏做了莒父的总管，问孔子如何处理政务。孔子说，不要急于求成，不能贪求眼前的小利。急于求成反而达不到目的，贪求小利则做不成大事。

320

叶公语孔子曰。吾党有直躬者。其父攘羊。而子证之。孔子曰。吾党之直者异于是。父为子隐。子为父隐。直在其中矣。

【训】葉公、孔子に語りて曰く、吾が党に直躬なる者あり。其の父、羊を攘む。而して子、これを証せり。孔子曰く、吾党の直き者は是に異なり。父は子の為に隠し、子は父の為に隠す。直きこと其の中にあり。

【新】叶公对孔子说，在我的领地里有个正直的人，他的父亲偷了别人的羊，他就说了实话。孔子说，在我们这里，对"正直的人"的认识和你说的完全不一样。父亲为儿子隐瞒丑事，儿子也为父亲隐瞒丑事，难道不应该说这才是顺应天性的行为吗？

321

樊迟问仁。子曰。居处恭。执事敬。与人忠。虽之夷狄。不可弃也。

【训】樊遅、仁を問う。子曰く、居処するに恭しく、事を執るに敬しみ、人に与って忠ならば、夷狄に之くと雖も、棄つべからざるなり。

【新】樊迟问孔子什么是仁。孔子说，即使在闲暇时也要谨慎，工作时要紧张，待人要真诚。做到这几点，即使到了夷狄之地也畅通无阻。

"居处"的意思和"安居""闲处"一样，表示闲暇的时候。

322

子貢問曰。何如斯可謂之士矣。子曰。行己有恥。使于四方。不辱君命。可謂士矣。曰。敢問其次。曰。宗族稱孝焉。鄉黨稱弟焉。曰。敢問其次。曰。言必信。行必果。硜硜然小人哉。抑亦可以為次矣。曰。今之從政者何如。子曰。噫。斗筲之人。何足算也。

【訓】子貢、問うて曰く、何なれば斯にこれを士と謂うべきか。子曰く、己を行うに恥あり。四方に使いして君命を辱しめず。士と謂うべし。曰く敢て其の次を問う。曰く、宗族、孝を稱し、鄉党、弟を稱す。曰く、敢て其の次を問う。曰く、言うこと必ず信、行うこと必ず果。硜硜然として小人なるかな。抑も亦た以て次と為すべし。曰く、今の政に從う者は何如。子曰く、噫、斗筲の人、何ぞ算うるに足らんや。

【新】子贡问，怎样才能成为名副其实的求道之士呢？孔子说，对自己的行为负责，出访外国时要出色地完成使命。做到这几点就可以成为求道之士。子贡问，请问稍低一等的呢？孔子说，孝行被宗族中所有人称赞，人品被乡亲们大加赞赏。子贡又问，请问再低一等的

呢？孔子说，说到做到，做事不拖沓，虽然从大局来看，这种人只是见识短浅的人，但也可以算说得过去了。子贡问，现在的执政者是哪种层次的士呢？孔子说，你这么问本身就太迂腐了。他们都是一些执政能力弱的人，成不了气候。

323

子曰。不得
中行而与之。必也
狂狷乎。狂者进取。
狷者有所不为也。

【训】子曰く、
中行なるものを得
てこれに与するに
あらずんば、必ず
や狂狷か。狂なる
者は進んで取り、
狷なる者は為さざ
る所あるなり。

【新】孔子说，如果找不到没有缺点的平常人交往，就只能与性格乖僻和有洁癖的人交往了。性格乖僻的人用功学习，有洁癖的人不会被欲望所诱惑。

324

子曰。南人有言
曰。人而无恒。不可
以作巫医。善夫。不
恒其德。或承之羞。
子曰。不占而已矣。

【训】子曰く、南
人言えることあり、曰
く、人にして恒なけれ
ば、以て巫医を作すべ
からず、と。善いか
な。其の徳を恒にせざ
れば、或いはこれに羞
を承む、とあり。子
曰く、占わずして已
まん。

【新】孔子说，南方有句谚语说，如果一个人失去平衡，即使请巫师和医生治疗也没用。这句话说得真好。《易经》里说，如果一个人做事没有原则，对他的未来进行占卜，也一定会得到不好的结果。孔子说，即使不占卜也是这样。

325

子曰。君子和而不同。小人同而不同。

【训】子曰く、君子は和して同ぜず、小人は同じて和せず。

【新】孔子说，我希望你们都讲求和睦，但不是人云亦云、盲目苟同。但令人挠头的是，很多人聚在一起时，虽然平时随声附和，可必要的时候却不相互合作。

326

子贡问曰。乡人皆好之。何如。子曰。未可也。乡人皆恶之。何如。子曰。未可也。不如乡人之善者好之。其不善者恶之。

【训】子貢、問うて曰く、郷人皆なこれを好しとせば何如。子曰く、未だ可ならざるなり。郷人皆なこれを悪しとせば何如。子曰く、未だ可ならざるなり。郷人の善き者これを好しとし、其の善からざる者これを悪しとするに如かず。

【新】子贡问孔子，全乡人都赞扬一个人，那这个人怎么样？孔子说，这不好说。子贡又问，全乡人都贬低一个人，那这个人怎么样？孔子说，这也不好说。全乡的好人都赞扬他，而全乡的坏人都贬低他，这才算得上真正的好人。

327

子曰。君子易事而难说也。说之不以道。不说也。及其使人也。器之。小人难事而易说也。说之虽不以道。说也。及其使人也。求备焉。

【训】子曰く、君子は事え易くして説ばし難きなり。これを説ぶに道を以てせざれば説ばざるなり。其の人を使うに及んでや、これを器とす。小人は事え難くして説ばし易きなり。之を説ぶに道を以てせずと雖も説べばなり。其の人を使うに及んでや、備わるを求む。

【新】孔子说，在有教养的君子手下工作很容易，但很难得到他的欢心，这是因为即使努力去讨他的欢心，如果不合乎情理，他也不会喜欢。但是，君子总是知人善用，在他手下工作很容易。在小人手下工作很难，但要取得他的欢心很容易。即使不合乎情理，也会得到他的欢心；可小人却不能知人善用，所以在他手下工作很困难。

328

子曰。君子泰而不骄。小人骄而不泰。

【训】子曰く、君子は泰くして驕らず。小人は驕りて泰からず。

【新】孔子说，有教养的君子充满自信，谦逊有礼；小人傲慢无礼，缺乏自信。

329

子曰。刚毅木讷。近仁。

【训】子曰く、剛、毅、木、訥なるは仁に近し。

【新】孔子说，刚强、坚毅、朴素、少言，这样就可以达到仁的境界。

330

子路問曰。何如斯可
謂之士矣。子曰。切切偲
偲。怡怡如也。可謂士矣。
朋友切切偲偲。兄弟怡怡。

【训】子路、問うて曰
く、何如なればこれ
を士と謂うべきか。子曰
く、切切、偲偲、怡怡如
たらば、士と謂うべきな
り。朋友には切切、偲偲
たり。兄弟には怡怡たれ。

【新】子路问，怎么做才能成为名副其实的求道之士呢？孔子说，严肃、体谅、和睦，做到这几点就可成为"士"了。对待朋友要严肃中有体谅，对待兄弟要和睦，无须理由。

331

子曰。善人教民七年。
亦可以即戎矣。

【训】子曰く、善人が
民を教うること七年なら
ば、亦た以て戎に即かし
むべし。

【新】孔子说，善良的人教化人民七年，就可以带领他们作战取胜了。

子曰。以不教民战。是谓弃之。

【训】子曰く、教えざるの民を以いて戦う。是れ、これを棄つと謂うなり。

【新】孔子说，让未经训练的老百姓去作战，等于直接杀了他们。

宪问第十四

（333～379）

<u>333</u>

宪问耻。子曰。邦有
道谷。邦无道谷。耻也。

【训】憲、恥を問う。
子曰く、邦に道あれば穀
す。邦に道なくして穀す
るは、恥なり。

【新】原宪问孔子如何维护名誉。孔子说，国家有道时，可以做官拿俸禄；国家无道时，还做官拿俸禄，就是莫大的耻辱。

<u>334</u>

克伐怨欲不行焉。可
以为仁矣。子曰。可以为
难矣。仁则吾不知也。

【训】克・伐・怨・欲、
行われざるは、以て仁と為
すべきか。子曰く、以て難
しと為すべし。仁は則ち吾
れ知らざるなり。

【新】（原宪问）对待朋友不好胜、不自满、不怨恨、不嫉妒，这样的人可以称作仁者了吧？孔子说，这样的人是很难得的，但至于他是不是仁者，就另当别论了。

<u>335</u>

子曰。士而怀居。
不足以为士矣。

【训】子曰く、士
にして居を懐えば、以
て士と為すに足らず。

【新】孔子说，求道之士如果追求安逸，就不配做"士"了。

"居"字有"安居""闲处"的意思。本段阐述了儒家克己禁欲的思想，即人在立志求学的过程中不能贪求享乐。

<u>336</u>

子曰。邦有道。危
言危行。邦无道。危行
言孙。

【训】子曰く、邦
に道あるときは、言を
危くし行いを危くす。
邦に道なきときは、行
いを危くし、言は孫る。

【新】孔子说，国家有道时，言行都要达到最高标准；国家无道时，行动要达到最高标准，但说话却要谨慎。

337

子曰。有德者必有
言。有言者不必有德。
仁者必有勇。勇者不必
有仁。

【训】子曰く、徳
ある者は必ず言あり。
言ある者は必ずしも徳
あらず。仁者は必ず勇
あり。勇者は必ずしも
仁あらず。

【新】孔子说，有德行的人说话一定有涵养，但说话有涵养的人未
必都有德行；品行高尚的人一定勇敢，但勇敢的人未必都品行高尚。

338

南宫适。问于孔子
曰。羿善射。奡荡舟。俱
不得其死然。禹稷躬稼而
有天下。夫子不答。南宫
适出。子曰。君子哉若
人。尚德哉若人。

【训】南宫适、孔子
に問いて曰く、羿は善く
射、奡は舟を盪えす。倶
にその死然を得ず。禹、
稷は躬から稼して天下を
有てり、と。夫子、答え
ず。南宫适出づ。子曰
く、君子なるかな、若き
の人、徳を尚ぶかな、若
き人。

【新】南宫适对孔子说，羿擅长射箭，奡身强力壮可以掀翻船只，
但他们都不长寿。禹和稷亲自种田，最终却得到了天下。孔子没有说
话。南宫适离开后，孔子说，南宫适真是有教养的君子，他不断努力
提高自己的修养。

339

子曰。君子而不仁者有
矣夫。未有小人而仁者也。

【训】子曰く、君子に
して不仁なる者はあるかな。
未だ小人にして仁なる者あ
らざるなり。

【新】孔子说，在有文化教养的人之中，一定有伪装的人，但在一开始就被称作小人的人之中，却没有品德高尚的人。

340

子曰。爱之能勿劳乎。
忠焉能勿诲乎。

【训】子曰く、これを
愛しては能く労うなからん
や。忠ならば、能く誨うる
なからんや。

【新】孔子说，对待挚爱的朋友，必须要给予他关怀；对待交心的朋友，必须要给予他忠告。

341

子曰。为命。裨谌草
创之。世叔讨论之。行人子
羽修饰之。东里子产润色
之。

【训】子曰く、命を為
るには、裨諶、これを草創
し、世叔、これを討論し、
行人子羽、これを脩飾し、
東里の子産、これを潤色せ
り。

【新】孔子说，郑国的国君下达命令时，首先由裨谌起草，接着世叔反复推敲，然后子羽进行修改，最后东里的子产归纳总结。

有意思的是，这句话体现了中国特有的"起承转结"的四层节奏（参见第 63 段）。

342

或问子产。子曰。惠
人也。问子西。曰。彼哉彼
哉。问管仲。曰□人也。夺
伯氏骈邑三百。饭疏食。没
齿无怨言。

【训】或るひと子産を
問う。子曰く、恵人なり。
子西を問う。曰く、彼れを
や、彼れをや。管仲を問
う。曰く、□人なり。伯氏
の騈邑三百を奪う。疏食を
飯い、歯を没するまで怨言
なかりき。

【新】有人问孔子，子产是什么样的人。孔子说，子产是充满慈悲心的人。又问子西是什么样的人。孔子说，那样的人啊，那样的人啊。又问管仲是什么样的人。孔子说，管仲可说是个（?）的人。他没收了伯氏的三百户骈乡农民的土地，虽然这么做使得伯氏的粮食不足，但伯氏死前都没说过一句怨言。

　　一般认为，"问管仲。曰"的下面丢了一个字。《论语》中有很多关于"人"的说法，如"仁人""贤人""善人""成人""大人""中人""君子人""若人""斯人""古之人""佞人""斗筲之人"等，但并没有单独用一个"人"字表现其人品的用法。这里的"□人"大概更接近于"大人""成人"之类的意思吧（参见《全集》第四卷第 108 页）。

343

子曰。贫而无怨难。富而无骄易。

【训】子曰く、貧にして怨むなきは難く、富みて驕るなきは易し。

　　【新】孔子说，贫穷却不抱怨很难做到，这样的人很了不起；富裕却生活简朴很容易做到，这样的人也有不少。

344

子曰。孟公绰为赵魏老则优。不可以为滕薛大夫。

【训】子曰く、孟公綽は趙魏の老たるには優なり。以て滕薛の大夫となるべからず。

【新】孔子说，以孟公绰的才学，做赵、魏这种大国的臣子也绰绰有余；但是做滕、薛这样小国的臣子，却无法发挥他的才干。

345

子路问成人〔·子〕曰。若臧武仲之知。公绰之不欲。卞庄子之勇。冉求之艺。文之以礼乐。亦可以为成人矣。子曰。今之成人者。何必然。见利思义。见危授命。久要不忘平生之言。亦可以为成人矣。

【训】子路、成人を問うて曰く、臧武仲の知、公綽の不欲、卞荘子の勇、冉求の芸あるが若くして、これを文るに礼楽を以てすれば、亦た以て成人と為すべきか。子曰く、今の成人なる者は何ぞ必ずしも然らん。利を見ては義を思い、危きを見ては命を授け、久要に平生の言を忘れざれば、亦た以て成人と為すべし。

【新】子路询问孔子，要成为优秀人才，打多少分算是及格？如果有臧武仲的智慧、孟公绰的无欲、卞庄子的勇敢、冉求的才艺，再加上礼乐的教养，就能给出及格分吗？孔子说，现在的及格分不需要有这么多品格。把等级降低几个档次，做到在利益面前考虑正义、遇到危险能献出生命、无论何时都不忘平日常说的话这几点，就能给他及格分了。

仔细研读本段就会发现，无论是从内容还是从文风上，都可以判断出前半段是子路的话，后半段是孔子的话。理由如下：在第 347 段中，孔子谴责臧武仲；冉求也比子路年轻 20 岁。所以，如果把前半段当作子路说的话，文意就会通顺；但是如果把前半段当作孔子说的话，就不符合常理。这是因为，孔子在指点子路如何成为优秀人才时，不应该举有缺点的人和比子路年龄小的人作为例子。有一种观点认为，前半段是孔子说的，后半段是子路说的。在这种观点下，子路否定了孔子的话，并对其进行说教，显然不对。

第一句话"子路问成人〔子〕曰"，虽然读起来没有不通顺的地方，但整本《论语》中没有出现其他相似的用法。所以，我认为，本应在后句出现的"子"字，被误写进了前句。而且，如果把这句话当作子路的问题，最后以"矣"结句，这句话就会变成一个疑问句，读起来并不别扭。

"久要"一词原来的注解是"旧约"，即"先前的承诺"，但这样解释会造成文意不通。虽然有些望文生义，但我认为，"久要"一定是用来强调"不忘"的副词。"久"是"长时间"的意思，"要"是"重要的地方"的意思，合在一起就变成

"不管过多久"的意思，在这里可以解释成"不管什么时候"。然而实际上，"久要"和"造次""颠沛"一样，是古代的常用词，所以不应该把"久要"拆成两个字分别解释（参见《全集》第四卷第117页）。

346

子问公叔文子于公明贾曰。信乎。夫子不言不笑不取乎。公明贾对曰。以告者过也。夫子时然后言。人不厌其言。乐然后笑。人不厌其笑。义然后取。人不厌其取。子曰。其然。岂其然乎。

【训】子、公叔文子を公明賈に問うて曰く、信なるか、夫子は言わず、笑わず、取らずとは。公明賈対えて曰く、以て告ぐる者の過ちなり。夫子は時にして然る後に言う。人、其の言を厭わず。楽んで然る後に笑う。人、其の笑うを厭わず。義にして然る後に取る。人、其の取るを厭わず。子曰く、其れ然り。豈其れ然らんや。

【新】孔子向公明贾询问公叔文子是什么样的人，有人说他不说话、不爱笑、不收财物，是真的吗？公明贾回答说，这是有人误传了。公叔文子只在该说话的时候才说话，所以没有人反驳他；他只在真正高兴的时候才笑，所以没有人反感他；只在合乎道义的时候他才会收取财物，所以没有人认为他的行为可疑。孔子说，他的确像您说的那样，但他真的像您说的那样吗？

347

子曰。臧武仲。以防求为后于鲁。虽曰不要君。吾不信也。

【训】子曰く、臧武仲は防を以て後を為すことを鲁に求めたり。君を要せずと曰うと雖も、吾れは信ぜざるなり。

【新】孔子说，鲁国的官吏臧武仲以自己的防御封地为要挟，要求鲁国国君为自家设立继承人。虽然有人说这不是要挟，但我认为这就是要挟。

348

子曰。晋文公。谲而不正。齐桓公。正而不谲。

【训】子曰く、晋の文公は谲にして正ならず。齐の桓公は正にして谲ならず。

【新】孔子说，晋文公善于权术却不走正道，齐桓公行事正派却不懂权术。

349

子路曰。桓公杀公子
纠。召忽死之。管仲不死。
曰未仁乎。子曰。桓公九合
诸侯。不以兵车。管仲之力
也。如其仁。如其仁。

【训】子路曰く、桓公、
公子糾を殺して、召忽これ
に死し、管仲は死せず。未
だ仁ならずと曰わんか。子
曰く、桓公は諸侯を九合
し、兵車を以てせざるは、
管仲の力なり。其の仁を如
せん、其の仁を如せん。

【新】子路说，齐桓公杀了自己的兄弟公子纠后，公子纠的家臣召忽自杀殉君，但管仲却活了下来，这就是不仁吧？孔子说，齐桓公多次召集各国，称霸诸侯，却没有使用任何武力，都是凭借管仲的才能，所以，不能忘记管仲也有仁的一面。为什么要忽略这一点呢！为什么要一概而论说他不仁呢！

"如其仁"，历来都取"其の仁を如せや"亦即"其の仁を如かず"之意，通常解释为承认管仲的"仁"的一面。但是，"如"这一个字也有同于"如何"二字的用法，所以有一种新的观点认为，"如其仁"应该理解为孔子认为管仲是不是仁者暂且不论，仅仅对他的功绩大加赞赏。狩野直喜博士在《支那学文薮》的"孔子和管仲"一章中，引用俞樾的《诸子平议》，指出汉代的扬雄认为"如"有"如何"的用法，这里的"如其仁"应该是"如其仁何"，应该读成"其の仁を如せん"。

我同意将"如"理解成"如何"，但结论是：孔子认为对

管仲而言，"其仁"即管仲特有的"仁"，最后一句"如其仁"是对子路的问题——"曰未仁乎"的回答。而且，我认为，孔子否定了子路的问题，在他看来，如果如子路所希望的那样，一概而论说管仲"不仁"，那么管仲特有的"仁"又该作何解释呢？所以，这里的"仁"不是单纯意义上的"仁"，"其仁"是指管仲式的"仁"。这一点应该提起注意。此外，"曰"与"谓"意思相同，不一定非要理解为很正式的"曰"，《论语》中可以找到很多这样的实例。

还有一种观点认为，"如其仁"是子路说的话；更有一种观点认为，后一句"如其仁"是误写，但这两种观点都很难令人信服。《论语》中的确存在着同一个人的话中两次重复使用"曰"的用法，但这里应该不是这种用法，也缺乏合理性。

350

子贡曰。管仲非仁者与。桓公杀公子纠。不能死。又相之。子曰。管仲相桓公。霸诸侯。一匡天下。民到于今受其赐。微管仲。吾其被发左衽矣。岂若匹夫匹妇之为谅也。自经于沟渎而莫之知也。

【训】子贡曰く、管仲は非仁なる者か。桓公、公子糾を殺したるに、死する能わず。又これに相たり。子曰く、管仲は桓公に相とし、諸侯に覇たらしめ、天下を一匡す。民、今に到るまで、其の賜を受く。管仲微りせば、吾れ其れ髪を被り、衽を左にせん。豈に匹夫匹婦の諒を為し、自ら溝瀆に経れてこれを知る莫きが如くせんや。

【新】子贡问，管仲不能算是仁者吧？齐桓公杀了自己的兄弟公子纠后，管仲没有自杀殉君，反而做了齐桓公的宰相。孔子说，管仲辅佐齐桓公，称霸诸侯，匡正天下，所以至今百姓还蒙受他的恩泽。如果没有管仲，恐怕我们现在还和蛮野之族一样，披散着头发，右衣襟向左扣。把他和那些无名的普通百姓为了尽情义，在小山沟里上吊自杀也无人赞赏的行为相提并论，是很难为情的。

351

公叔文子之臣大夫僎。与文子同升诸公。子闻之曰。可以为文矣。

【训】公叔文子の臣の大夫僎、文子と同じく、これを公に升さる。子、これを聞いて曰く、以て文と為すべし。

【新】卫国的公叔文子的家臣僎，受到公叔文子的推荐，官升至卫国国君的参奏大夫。孔子听说了这件事以后说，公叔文子死后，可以给他"文"的谥号了。

352

子言衛霊公之無道也。
康子曰。夫如是。奚而不
喪。孔子曰。仲叔圉治賓
客。祝鮀治宗廟。王孫賈
治軍旅。夫如是。奚其喪。

【训】子、衛の霊公の
無道を言うや、康子曰く、
夫れ是の如くんば、奚す
れぞ喪びざる。孔子曰く、
仲叔圉、賓客を治め、祝
鮀、宗廟を治め、王孫賈、
軍旅を治む。夫れ是の如
し、奚すれぞ其れ喪びん。

【新】孔子谈论卫灵公的无道时，康子说，既然如此，为什么他没有灭亡呢？孔子说，因为卫灵公有仲叔圉处理外交，祝鮀管理内政，王孙贾统率军队，他们都取得很大成效，怎么会灭亡呢？

353

子曰。其言之不怍。
則為之也難。

【训】子曰く、其れ
これを言いて怍じざれば、
則ちこれを為すや難し。

【新】孔子说，说话大言不惭的人，到了真正行动时往往会不知所措。

354

陈成子弑简公。孔子沐浴而朝。告于哀公曰。陈恒弑其君。请讨之。公曰。告夫三子。孔子曰。以吾从大夫之后。不敢不告也。君曰。告夫三子者。之三子告。不可。孔子曰。以吾从大夫之后。不敢不告也。

【训】陳成子、簡公を弑す。孔子、沐浴して朝し、哀公に告げて曰く、陳恒、其の君を弑す。請うこれを討たん。公曰く、夫の三子に告げよ。孔子曰く、吾れは大夫の後に従うを以て、敢て告げずんばあらざるなり。君は曰う、夫の三子者に告げよ、と。三子に之きて告ぐ。可かれず。孔子曰く、吾れは大夫の後に従うを以て、敢て告げずんばあらざるなり、と。

【新】齐国的陈成子杀了齐简公。孔子沐浴斋戒后，上朝觐见鲁哀公说，齐国的陈恒（成子）杀了自己的君主，请您出兵讨伐他。哀公说，你去跟三位大臣商量吧。孔子说，因为我是最低等级的臣子，所以职责上我必须向上汇报。我知道您一定会让我跟三位大臣商量，所以我已经向三位大臣汇报了此事，但我的提议被拒绝了。孔子说，因为我是最低等级的臣子，所以职责上我必须向上汇报（我这绝不是僭越）。

355

子路问事君。子曰。勿欺也。而犯之。

【训】子路、君に事えんことを問う。子曰く、欺くなかれ。而してこれを犯せ。

【新】子路问孔子如何侍奉君主。孔子说，不能欺瞒君主，也不能阿谀奉承。

356

子曰。君子上达。小人下达。

【训】子曰く、君子は上達し、小人は下達す。

【新】孔子说，希望大家可以在更高的层次上思考事物，在低层次上讨论什么作用也没有。

357

子曰。古之学者为己。今
之学者为人。

【训】子曰く、古の学者
は己の為にす。今の学者
の為にす。

【新】孔子说，古时的学者做学问是为了充实自己，而现在的学者做学问则是为了给别人看。

358

蘧伯玉使人于孔子。孔
子与之坐而问焉。曰。夫子何
为。对曰。夫子欲寡其过而未
能也。使者出。子曰。使乎
使乎。

【训】蘧伯玉、人を孔子に
使いせしむ。孔子、これに坐
を与えて問うて曰く、夫子は
何をか為す。対えて曰く、夫
子は其の過ちを寡くせんと欲
して未だ能わざるなり。使者
出づ。子曰く、使いなるかな、
使いなるかな。

【新】卫国的蘧伯玉派使者拜访孔子。使者坐下来后，孔子问，

你的主人蘧伯玉最近在做什么？使者回答说，主人想要尽量减少自己的过失，但没有什么好方法，您有什么建议么？使者离开后，孔子说，主人和使者，都很了不起。

359

子曰。不在其位。
不谋其政。

【训】子曰く、其
の位にあらざれば、そ
の政を謀らず。

【新】同第 198 段。

360

曾子曰。君子思不
出其位。

【训】曾子曰く、
君子は思うこと、其の
位より出でず。

【新】曾子说，各位不要考虑与自己身份不相符的事。

361

子曰。君子耻其言之过其行。

【训】子曰く、君子は其の言の其の行いに過ぐるを恥ず。

【新】孔子说，希望大家铭记，说得漂亮但却无法做到，这是耻辱。

362

子曰。君子道者三。我无能焉。仁者不忧。知者不惑。勇者不惧。子贡曰。夫子自道也。

【训】子曰く、君子の道なるもの三あり。我れ能くするなし。仁者は憂えず、知者は惑わず、勇者は懼れず。子贡曰く、夫子自ら道うなり。

【新】孔子说，成为理想的人有三种方法，但我都没有做到——成为仁者不会不安，成为智者不会困惑，成为勇者不会畏惧。子贡说，老师您已经做到了。

363

子貢方人。子曰。賜
也賢乎哉夫。我則不暇。

【训】子貢、人を方
ぶ。子曰く、賜や賢なる
かな。我は則ち暇あらず。

【新】子贡喜欢评论别人。孔子说，赐，你已经成为贤者了吗？我可没有闲工夫去评论别人。

364

子曰。不患人之不己
知。患己无能也。

【训】子曰く、人
の己を知らざるを患え
ず。己の能くするなきを
患う。

【新】孔子说，不必因为别人不了解自己而苦恼，要为自己没有这样的能力而苦恼（参见《全集》第四卷第100页）。

365

子曰。不逆诈。不亿不信。抑亦先觉者是贤乎。

【训】子曰く、詐りを逆えず。信ならざるを億らず。抑も亦た先ず覚る者は是れ賢なるか。

【新】孔子说，不怀疑别人欺骗自己，也不防备别人对自己说谎，但却能看穿别人的伪装，这就是聪明人了。

366

微生亩谓孔子曰。丘何为是栖栖者与。无乃为佞乎。孔子曰。非敢为佞也。疾固也。

【训】微生畝、孔子を謂いて曰く、丘は何ぞ是の栖栖たるを為すか。乃わち佞たるなからんや、と。孔子曰く、敢て佞を為すに非ず。固きを疾むなり。

【新】微生亩评论孔子时说，孔丘为什么这么阿谀奉承，这么容易妥协呢？孔子说，我并不是容易妥协，但如果给人这样一种印象，那大概是因为我没有封闭在自我之中的缘故吧。

367

子曰。骥不称
其力。称其德也。

【训】子曰く、
骥は其の力を称せ
ず。其の德を称す
るなり。

【新】孔子说，比起千里马的血统，调教后的品德更值得称赞。

"德"字有很多意思，学者也很困惑。有看法认为，"德"
即"得"，指的是后天的品德，也就是说，"德"不是与生俱
来的，而是通过后天的修养获得的品格。此外，还衍生出了
"修养""美德"等意思。

368

或曰。以德报
怨。何如。子曰。
何以报德。以直报
怨。以德报德。

【训】或るひ
と曰く、德を以て
怨みに报いたらば
何如。子曰く、何
を以て德に报いん。
直きを以て怨みに
报い、德を以て德
に报いん。

【新】有人说，用善意回报怨恨如何？孔子说，那用什么回报善
意呢？我认为应该用平心静气回报怨恨，用善意回报善意。

369

子曰。莫我知也夫。子贡
曰。何为其莫知子也。子曰。
不怨天。不尤人。下学而上
达。知我者其天乎。

【训】子曰く、我を知るも
の莫きかな。子貢曰く、何す
れぞ其れ子を知る莫からんや。
子曰く、天を怨みず、人を尤
めず。下学して上達す。我れ
を知る者は、其れ天なるか。

【新】孔子说，世上没人了解我。子贡说，为什么老师说没人了
解您呢？孔子说，不走运的时候，我不向天抱怨；世道不好的时候，
我也不将责任转嫁给他人。我不断积累知识，努力充实精神，而这
些，只有天知道。

370

公伯寮愬子路于季孙。
子服景伯以告曰。夫子固有惑
志于公伯寮。吾力犹能肆诸市
朝。子曰。道之将行也与。命
也。道之将废也与。命也。公
伯寮其如命何。

【训】公伯寮、子路を季
孫に愬う。子服景伯、以て告
げて曰く、夫子固より公伯寮
に惑志あり。吾が力、猶お能
くこれを市朝に肆さん。子曰
く、道の将に行われんとする
や、命なり。道の将に廃せん
とするや、命なり。公伯寮、
それ命を如何せん。

【新】公伯寮向鲁国的大臣季孙说子路的坏话。子服景伯把这件事禀告给孔子说，大臣一直被他看好的公伯寮欺骗，但是我有在众目睽睽之下痛打公伯寮的力量。孔子说，如果我能复兴先人之道，这是天命；如果我想要复兴先人之道却遭到失败，这也是天命。再说公伯寮怕也无力改变天命吧。

371

子曰。賢者辟世。其次辟地。其次辟色。其次辟言。

【训】子曰く、賢者は世を辟く。其の次には地を辟く。其の次には色を辟く。其の次には言を辟く。

【新】孔子说，（政局动荡不安，危及自身的时候）贤者会远离世事，隐居起来。这么做还有危险的话，就搬到其他地方。这么做还有危险的话，就不与面恶之人来往。这么做还有危险的话，就不与说话不谨慎的人交谈。

　　一般情况下，"其次"解释成"低一等的贤者、再低一等的贤者、更低一等的贤者"，但如果这样解释，就无法得知"更低一等的贤者"到底是什么样的人，而且这种层次关系的例子也很少见。按上述解释，如果用别的形容词对应不

同层次的贤者，最后就会变成"品行低下的人、愚蠢的人"。此外，如果把"色、言"解释成"君主的表情、君主的言语"的话，就会造成上下文不通。但如果把"其次"看作副词，解释成"下一个层次"的话，理解起来就会容易很多。

<u>372</u>

子曰。作者。七人矣。

【训】子曰く、作つ者、七人ありき。

【新】孔子说，要说避世之人，可以举出七个人。

关于"七人"有很多种说法，其中之一是"逸民七人"，即伯夷、叔齐、虞仲、夷逸、朱张、柳下惠、少连（详见第468段）。有人认为在这句话中原本有七个人的名字，但后人觉得这与第468段重复了，所以删去了七个人的名字。还有人认为这句话只是记录了"七人"这一人数。现在我们无法得知"七人"究竟指的是什么。

373

子路宿于石门。晨
门曰。奚自。子路曰。
自孔氏。曰。是知其不
可而为之者与。

【训】子路、石門に
宿す。晨門曰く、奚れよ
りする。子路曰く、孔氏
よりす。曰く、是れ其の
（為す）べからざるを知
りて、これを為さんとす
る者か。

【新】一天晚上子路露宿在鲁国的郭门石门外。第二天进门的时候，看门的人问他，你是谁的门徒？子路说，我是孔子的弟子。看门的人说，就是明知理想无法实现却还在努力的那个人吗？

374

子击磬于卫。有荷蒉而
过孔氏之门者。曰。有心哉。
击磬乎。既而曰。鄙哉。硁
硁乎。莫己知也。斯已而已
矣。深则厉。浅则揭。子曰。
果哉。末之难矣。

【训】子、磬を衛に撃
つ。蕢を荷いて孔氏の門を過
ぐる者あり。曰く、心あるか
な、磬を撃つや、と。既にし
て曰く、鄙なるかな、硁硁た
るや。己を知るなくんば、斯
に已まんのみ。深ければ厲
ぎ、浅ければ掲ぐ、ものぞ。
子曰く、果なるかな。これを
難しとする末きなり。

【新】孔子在卫国的时候，有时敲打一种叫磬的乐器。有一个背着草筐的人从孔子的门前走过，说，这磬声好像有点儿意思啊。过一会

儿，这人又说，真无聊，像唠唠叨叨的牢骚话，既然谁都不认可你，不如别敲了。就像那首歌唱的那样，"深则厉，浅则揭"（意为：过河的时候，水深就脱去衣服，水浅就撩起裤脚）嘛，如此而已。孔子说，就是这样，你说得很对，就是那个脱了衣服的人，他正从前面走过来了呢。

关于"果哉"的"果"字，之前几乎所有的解释都理解为"果敢""果断"，但文意不通。"果"也可以与"裸"互通。在本段中，可以看出一些道家思想的味道，尤其是道家所宣扬的"裸生活"，所以儒家的注释学家就更加坚决地将"果"解释成"果敢"了。从这一点，也可以看出些训诂学的局限吧。

"深则厉，浅则揭"出自《诗经·邶风》中的《匏有苦叶》。至于"末之难矣"，字如其意，就是"那种事儿一点也不难"的意思（参见《全集》第四卷第 136、170 页）。

375

子張曰。書云。高宗諒陰三年不言。何謂也。子曰。何必高宗。古之人皆然。君薨。百官総己。以听于冢宰三年。

【训】子張曰く、書に云ふ、高宗は諒陰に、三年言わず、とあり。何の謂いぞや。子曰く、何ぞ必ずしも高宗のみならん。古の人は皆な然り。君薨ずれば、百官は己れを総べて、以て冢宰に聴くこと三年なり。

【新】子张问，《书经》上写着"高宗谅阴，三年不言"（意为：殷国的国君高宗武丁为父守丧，在三年中没有长谈过），这是什么意

思呢? 孔子说, 不仅是高宗, 古人都是这么做的。国君驾崩后, 在三年中, 文武百官都各自处理自己的事务, 只是在必要的事情上听从职位最高的大臣冢宰的指令。

376

子曰。上好礼。则民易使也。

【训】子曰く、上、礼を好めば、民、使い易きなり。

【新】孔子说, 如果执政者遵循礼节, 那么百姓就会变得温顺, 容易驱使。

377

子路问君子。子曰。修己以敬。曰。如斯而已乎。曰。修己以安人。曰。如斯而已乎。曰。修己以安百姓焉。修己以安百姓。尧舜其犹病诸。

【训】子路、君子を問う。子曰く、己を脩むるに敬を以てす。曰く、斯の如きのみか。曰く、己を脩めて以て人を安んず。曰く、斯の如きのみか。曰く、己を脩めて以て百姓を安んぜん。己を脩めて以て百姓を安んずるは、尭舜も其れ猶おこれを病めり。

【新】子路问孔子，自己修养的目标——君子究竟是怎样的人。孔子说，正己，谨慎之人。子路问，这样就够了吗？孔子说，正己，自然能让周围的人心平气和。子路又问，这样就够了吗？孔子说，正己，最终甚至能让天下的百姓心平气和呢！让天下百姓心平气和，这可是就连尧、舜等天子都很难做到的大难事哦！

本段中，"修己以安百姓"出现了两次。第一次承接上文，是对子路问题的直接回答。第二次则是孔子对自己说过的话的补充说明，所以两次的语气完全不同。我认为，前一句"修己以安百姓"后应该加上助词，而最恰当的助词就是"焉"。因为在这种回答追问的情况下，经常用"焉"来结尾。《孟子·梁惠王下》中就有如下用例：

问曰。滕。小国也。间于齐楚。事齐乎。事楚乎。孟子对曰。是谋非吾所能及也。无已。则有一焉。

378

原壤夷俟。子曰。幼而不孙弟。长而无述焉。老而不死。是为贼。以杖叩其胫。

【训】原壤、夷して俟つ。子曰く、幼にして孫弟ならず。長じて〔述ぶるなく〕述〕〕るところなく、老いて死せず。是れを賊と為す、と。杖を以て其の脛を叩く。

【新】原壤蹲着迎接孔子。孔子说，年幼时不知道尊敬长辈，长

大成人后也不懂礼节，老糊涂得忘了死，真是废物。孔子边说边用木杖打原壤的小腿。

此次两人见面是在路上的偶遇，并没有引起争吵。原壤"夷俟"（意为：蹲着等待）孔子，自有等待的理由以迎接孔子的来访，而孔子访问原壤也自有访问的理由，即出于义理人情，是一种仪礼上的访问。孔子到底是孔子，来访时身着正装、礼节恰当，而原壤却"夷俟"孔子。"夷"是"蹲"的意思，是一种垂钓者在岸边弓腰、单膝或两膝弯曲的姿势。原壤本应站起来迎接孔子，因为原壤无礼，所以孔子才生气，用木杖打他的小腿。从这一点来看，孔子的行为合情合理。

此外，几乎所有对"述"字的解释都是取自孔子的原话"述而不作"，但这里的"述"应该是"怵"的通假字。古人习惯将发音不同但有一部分偏旁相同的字混用。如果把这句话解释成，因为原壤没有"阐述"先王之道，没有任何功绩，所以引来孔子的责备，整句话就会显得很奇怪。

379

闕党童子将命。或问之曰。益者与。子曰。吾见其居于位也。见其与先生并行也。非求益者也。欲速成者也。

【训】闕党の童子、命を将う。或るひとこれを問いて曰く、益する者か。子曰く、吾れ其の位に居るを見る。其の先生と並び行くを見る。益を求むる者に非ざるなり。速に成らんと欲する者なり。

　　【新】阙乡的一个孩子做少有人做的"传话"的学徒。有人问孔子，这个孩子有出息吗？孔子说，我看见他像大人一样占有一席，还看见他没有跟在大人后边走，而是和大人并排行走。我知道，他不是真心想学习，只是想早日被当成大人对待罢了。我是觉着这样不行，才雇佣他的。

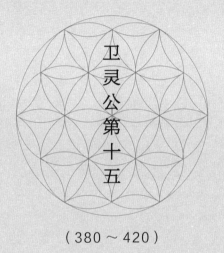

卫灵公第十五

（380～420）

380

衛霊公問陳于孔子。孔子
対曰。俎豆之事。則嘗聞之矣。
軍旅之事。未之学也。明日遂
行。在陳絶糧。従者病。莫能
興。子路慍見曰。君子亦有窮
乎。子曰。君子固窮。小人窮
斯濫矣。

【訓】 衛の霊公、陳を孔子
に問う。孔子対えて曰く、俎豆
の事は則ちこれを聞けり。
軍旅の事は未だ学ばざるなり、
と。明日遂に行る。陳にありて
糧を絶つ。従者病み、能く興つ
ことなし。子路慍り見えて曰
く、君子も亦た窮するあるか。
子曰く、君子固より窮す。小人
は窮すれば斯に濫す。

【新】卫灵公向孔子请教作战的战术。孔子说，我学过一点跟文化有关的知识，但从没学过如何打仗。第二天，孔子便离开了卫国。孔子在陈国没了粮食，有弟子饿病了站不起来。子路很生气地对孔子说，有德行的君子也有这么落魄的时候吗？孔子说，君子再怎么落魄，也不会像小人一样张皇失措。

381

子曰。賜也。女以
予為多学而識之者与。対
曰。然。非与。曰。非
也。予一以貫之。

【訓】 子曰く、賜や、
女は予を以て多く学んで
これを識る者と為すか。
対えて曰く、然り。非ざ
るか。曰く、非ず。予は
一以てこれを貫く。

【新】孔子说，赐啊，你以为我是因为学了很多知识才变得这么博学多识吗？子贡说，我是这么想的，难道不是这样吗？孔子说，不是的，我总是专心研究学问的本质。

382

子曰。由知徳者鮮矣。

【训】子曰く、由や、徳を知る者は鮮いかな。

【新】孔子说，由啊，懂得修养重要性的人太少了。

　　这句话存在疑问。孔子向子路等弟子讲学时，经常会在名字后加上"也"，如"由也"，但这句话中并没有。在"由"后面没有加"也"的例子只有第33段"由诲女知之乎"处，这是因为在"由诲女知之乎"中"由"后面有"女"，所以不必再加"也"。在《论语》中，孔子说的话都有特定的听话对象，但是这句话是一般性的教导，所以省略了听话对象。"知德者鲜矣"只是很普通的事实，所以不必特意指出听话对象是子路。此外，"鲜"强调非常少，大多数情况下

与副词连用。仔细分析第2段"好犯上者鲜矣"的结构就会发现，"由知德者鲜矣"中的"由"应该是"能"。虽然两个字的笔画相差很多，但是在"能"字剥落的场合，由于横竖相交成直角的笔画很多，很容易误看成"由"字。把这句话理解成"能知德者鲜矣"，读起来就会更通顺，逻辑也更清晰。

<u>383</u>

子曰。无为而治者。其舜也与。夫何为哉。恭己正南面而已矣。

【训】子曰く、為すなくして治むる者は、其れ舜なるか。夫れ何をか為すや。己を恭しくして、南面を正すのみ。

【新】孔子说，无所作为却能治理好天下的人，大概只有舜吧。他什么都没做，只是端正自己的言行，面向南面端坐在天子的宝座上罢了。

"无为而治"的思想在道家学说中体现得最明显。至于这句话中为什么出现了道家思想，有两种不同的观点。第一种观点认为，"无为而治"的思想原本就是儒家学说，经过不断

发展，分离成道家学说。第二种观点认为，随着时代的发展，《论语》不断融合后世的思想，逐渐演变成今天的版本。我认同第二种观点。

384

子张问行。子曰：言忠信。行笃敬。虽蛮貊之邦行矣。言不忠信。行不笃敬。虽州里。行乎哉。立则见其参于前也。在舆则见其倚于衡也。夫然后行。子张书诸绅。

【训】子张、行わるることを问う。子曰く、言うこと忠信にして、行い笃敬ならば、蛮貊の邦と雖も行われん。言うこと忠信ならず、行い笃敬ならずんば、州里と雖も行われんや。立てば其の前に参わるを见、舆にありては其の衡に倚るを见て、夫れ然る后に行われん。子张これを绅に书す。

【新】子张问孔子如何为人处世。孔子说，记住六个字：言忠信，行笃敬。即说话诚信，做事诚实。做到这一点，即使到了蛮夷之地也行得通。说话不诚信，做事不诚实，即便在自己的家乡也没人与你交往。站着的时候，仿佛这六个字就浮现在眼前；乘车的时候仿佛这六个字就贴在车辕的横木上，时刻在脑中回想，这就是处世之道。子张把这六个字写在腰带上，经常端详。

385

子曰。直哉史魚。邦有
道如矢。邦無道如矢。君子
哉蘧伯玉。邦有道則仕。邦
無道則可卷而懷之。

【訓】子曰く、直なるか
な、史魚。邦に道あれば矢
の如く、邦に道なきも矢の
如し。君子なるかな、蘧伯
玉、邦に道あれば仕え、邦
に道なければ、巻いてこれ
を懷にすべし。

【新】孔子说，卫国的史官史鱼天性耿直，他如实记录国家的优点，也如实记录国家的缺点，就像箭的前进轨迹一样耿直。蘧伯玉也很了不起，君主有道时就出来做官，君主无道时就将自己的才能藏起来，辞官归隐（参见《全集》第四卷第 156 页）。

386

子曰。可与言而不与之言。
失人。不可与言而与之言。失
言。知者不失人。亦不失言。

【訓】子曰く、与に言うべ
くしてこれと言わざれば、人を
失う。与に言うべからずしてこ
れと言えば、言を失う。知者は
人を失わず、また言を失わず。

【新】孔子说，如果一个人值得信赖，你却不告诉他你的秘密，就会失去这个朋友；如果一个人不值得信赖，你却不小心说出秘密，就会引起严重后果。聪明的人既不会失去朋友，也不会遭到背叛。

387

子曰。志士仁人。无求生以害仁。有杀身以成仁。

【训】子曰く、志士、仁人は、生を求めて以て仁を害するなく、身を殺して以て仁を成すあり。

【新】孔子说，求道之士和得道的仁者，绝不会因贪生怕死而违背道义，他们宁可牺牲性命也要保全道义。

388

子贡问为仁。子曰。工欲善其事。必先利其器。居是邦也。事其大夫之贤者。友其士之仁者。

【训】子貢、仁を為さんことを問う。子曰く、工、その事を善くせんと欲すれば、必ず先ず其の器を利にす。是の邦に居るや、其の大夫の賢なる者に事え、其の士の仁なる者を友とす。

【新】子贡问孔子如何施行仁政。孔子说，工匠要想做好自己的活计，必须先准备好工具。要想在一个国家施行仁政，就要向一流的贤者请教，与年轻的有志之士交往互勉。

389

子曰。行夏之时。乘殷之辂。服周之冕。乐则韶舞。放郑声。远佞人。郑声淫。佞人殆。

颜渊问为邦。

【训】顔淵、邦を為めんことを問う。子日く、夏の時を行い、殷の辂に乗り、周の冕を服す。楽は則ち韶舞。鄭声を放ち、佞人を遠ざく。鄭声は淫にして、佞人は殆うし。

【新】颜渊问孔子如何治理国家。孔子说，采用夏朝的历法，乘坐殷朝的马车，佩戴周朝的礼帽，演奏舜帝的韶曲。还要杜绝郑国现在流行的音乐，远离能言善辩的小人，因为郑国的乐曲庸俗，能言善辩的小人无信。

390

子曰。人无远虑。必有近忧。

【训】子日く、人、遠き慮りなければ、必ず近き憂えあり。

【新】孔子说，一个人如果不考虑将来并提前防范，一定会遭遇意想不到的挫折。

391

子曰。已矣乎。
吾未见好德。如好色
者也。

【训】子曰く、
已んぬるかな。吾れ
は未だ徳を好むこ
と、色を好むが如き
者を見ず。

【新】孔子说，这世道可如何是好！有很多好色之徒，却没有专
注于修养的人。

　　与第 222 段几乎完全相同。

392

子曰。臧文仲。其
窃位者与。知柳下惠之
贤而不与立也。

【训】子曰く、臧
文仲は其れ位を窃る者
か。柳下惠の贤なるを
知りて、与に立たざる
なり。

【新】孔子说，鲁国的臧文仲是无功受禄之徒，他明知道柳下惠
是贤者，却排斥他。

393

子曰。躬自厚而薄
責于人。則远怨矣。

【训】子曰く、躬自
から厚くして、薄く人
を責むれば、怨みに遠
ざかる。

【新】孔子说，一个人应该多反省自己，少责备他人，这样就可以避免被他人抱怨。

394

子曰。不曰如之何。
如之何者。吾末如之何也
已矣。

【训】子曰く、これを
如何、これを如何と曰わ
ざる者は、吾れこれを如
何ともする末きのみ。

【新】孔子说，不来问这个怎么办、那个怎么办的人，我也不知道该拿他怎么办。

395

子曰。群居终日。言
不及义。好行小慧。难
矣哉。

【训】子曰く、群居
すること終日、言、義に
及ばず、好んで小慧を行
う。難いかな。

【新】孔子说，整天扎堆儿往一块儿凑，胡吹乱侃消磨度日，说的话没有一句可取，做的事只有哗众取宠，这样的政府还不如没有。

396

子曰。君子义以为
质。礼以行之。孙以出
之。信以成之。君子哉。

【训】子曰く、君
子は義、以て質と為し、
礼、以て之を行い、孫、
以て之を出し、信、以
て之を成す。君子なる
かな。

【新】孔子说，立志成为有教养的君子，必须要有正义感，遵循礼法并加以实践，谦逊恭敬，言出必行。做到这几点，就可以成为君子了。

397

子曰。君子病无
能焉。不病人之不己
知也。

【训】子曰く、君
子は能くするなきを
病え、人の己れを知
らざるを病えざる
なり。

【新】孔子说，诸君应该为自己能力不足而苦恼，而不要担心别人是否认可自己（参见《全集》第四卷第100页）。

398

子曰。君子疾没世而
名不称焉。

【训】子曰く、君子は
世を没して名の称せられ
ざるを疾む。

【新】孔子说，各位在世的时候功绩得不到他人的赞赏，这就是耻辱。

399

子曰。君子求诸己。
小人求诸人。

【训】子曰く、君子
はこれを己に求め、小人
はこれを人に求む。

【新】孔子说，各位成功与否取决于自己，决不能将失败归咎于他人。

400

子曰。君子矜而不
争。群而不党。

【训】子曰く、君子
は矜りて争わず、群して
党せず。

【新】孔子说，各位应该时刻保持自尊心而不排斥他人，懂得团结协作而不结党营私。

401

子曰。君子不以言举人。不以人废言。

【训】子曰く、君子は言を以て人を挙げず、人を以て言を廃せず。

【新】孔子说，各位不能根据传言评价一个人，也不能因为一个人不好，就连他说的有道理的话都置若罔闻。

402

子贡问曰。有一言而可以终身行之者乎。子曰。其恕乎。己所不欲。勿施于人。

【训】子貢、問うて曰く、一言にして以て終身これを行うべきものあるか。子曰く、其れ恕か。己れの欲せざる所は人に施すことなかれ。

【新】子贡问，有没有一句话，可以终身奉行呢？孔子回答说，我想就是"恕"了，设身处地为他人着想，自己不愿意做的事情，不要强加给别人。

这段话与第103、280段相似。在第103段中，子贡说"我不欲人之加诸我也，吾亦欲无加诸人（我不愿意别人强加给我的事，我也不愿意把它强加给别人）"，孔子却责备他说："非尔所及也（这不是你能做得到的）。"这与本段相矛盾。之所以出现这种前后矛盾的情况，大概是因为同一种思想经世人的不断传播，逐渐演变成如今两句不同的话。可以推测出，本段更接近原文，而将子贡视为异类的人，将原文篡改成了第103段。

403

子曰。吾之于人也。谁毁谁誉。如有所誉者。其有所试矣。斯民也。三代之所以直道而行也。

【训】子曰く、吾れの人に於けるや、誰をか毀り誰をか誉めん。如し誉むる所ある者は、其れ試みし所あるなり。斯の民や、三代の〔直道にして行いし所以〕直きを以て道〔みちび〕いて行かしめし所なり。

【新】孔子说，我持中立的态度看待他人，就像古人说的那样，谁毁谁誉，对人既不做正面宣传，也不做负面宣传，不诋毁他人也不夸赞他人。就算要夸赞对方，也必须是曾经有过接触、有真凭实据才可以。夏、商、周三朝鼎盛时期，若以正直引导百姓，他们就会紧跟着勇往直前，当今的百姓也是同样的百姓（在夏、商、周三朝，不随意夸赞他人，也不随意诋毁人的风气是很普遍的）。

"谁毁谁誉"可能是佚诗中的一句，这四个字和《诗经·鄘风·载驰》中的"谁因谁极"结构相似。"以直道而行"历来被训读为"直道を以て行う"，现在为了更便于理解，将其分解为"直きを以て導いて行かしめ"（参见《全集》第四卷第152页）。

404

子曰。吾犹及史之〔闕文〕（记小善？）也。有马者借人乘之。今亡矣夫。

【训】子曰く、吾は猶お史の〔闕文〕（小善を記したる？）に及べり。馬ある者は人に借してこれに乘らしめたり、と。今は亡きかな。

【新】孔子说，我知道历史上（曾经把微不足道的小善记入史书中？），比如有人会把马借给别人去拉车，可现在史书不会这样记载了。

以往的注释大多直接使用"闕文"二字，把这句话解释为：历史有闕文时，都原封不动，不做任何处理。但是这样一来，与下文的"今亡矣夫"（现在已经没有这种习惯了）连接不上。实际上，古书有很多情况下都是这样，例如汉代陆贾所著的《新语》就以缺字漏字之多而闻名，里面到处都是

"阙若干字"的注释。

日本的儒学家荻生徂徕提出了一种新观点，他认为这句话本来有缺漏的字，所以记成"阙文"，但是后人误以为此处就是"阙文"二字。我赞同这种观点。这句话有缺漏的字，所以无法正确理解。但是，如果想象一下到底缺漏的字是什么的话，出于连接下文之便，此处增补了"记小善"三个字。"小善"的例子，就是"有马者借人乘之"之类的事情。

从第 117 段"愿车马衣轻裘。与朋友共"中可以看出，子路和朋友共用车马，所以用普通的方法无法解释"有马者借人乘之"，因而，旧注将其理解为"将自己束手无策的野马借给别人来驯服"，也实在是令人不解。因为第 367 段已经明确告诉我们：马，自古都是由驯马师驯服的（参见《全集》第四卷第 79 页）。

405

子曰。巧言乱德。
小不忍。则乱大谋。

【训】子曰く、巧言は徳を乱る。小を忍ばざれば、則ち大謀を乱る。

【新】孔子说，花言巧语会败坏一个人的品性。不在小事上忍耐，就无法成就大事。

<u>406</u>

子曰。众恶之。必察
焉。众好之。必察焉。

【训】子曰く、衆、
これを悪むは、必ずこれ
を察し、衆、これを好む
も、必ずこれを察す。

【新】孔子说，对于一个大家都厌恶的人，要自己重新判断。对于一个大家都喜欢的人，也要自己重新判断。

<u>407</u>

子曰。人能弘道。非
道弘人。

【训】子曰く、人、
能く道を弘む。道の人を
弘むるには非ず。

【新】孔子说，一个人必须努力使正义之道发扬光大。有时人会想凭借正义之道来弘扬自己的名声。

408

子曰。过而不改。
是谓过矣。

【训】子曰く、過ち
て改めず、是れを過ち
と謂う。

【新】孔子说，有些人认识到了自己的过错而不改正，一错再错，这才是真正的过错。

409

子曰。吾尝终日不食。
终夜不寝。以思无益。不如
学也。

【训】子曰く、吾れ嘗
て終日食らわず、終夜寝ね
ずして、以て思うも益な
し。学ぶに如かざるなり。

【新】孔子说，我年轻的时候，白天不吃饭，晚上不睡觉，埋头思考，却一无所获，于是我明白了要在实践中求学。

410

子曰。君子谋道不谋食。耕也〔馁〕餧在其中矣。学也禄在其中矣。君子忧道不忧贫。

【训】子曰く、君子は道を謀りて食を謀らず。耕すや、餧其の中に在り。学ぶや、禄其の中に在り。君子は道を憂え、貧なるを憂えず。

【新】孔子说，一个人要专心修身养性，不要担心衣食。农民耕田自然会得到食物，做学问也一样，只要专心致学就可以得到俸禄。一个人要为自己的修养是否足够而苦恼，不要为自己是否贫穷而担心。

"餧"（馁）和"餧"（喂）的字形很像，而且两字都有饥饿的意思。学界认为这句话很可能把"餧"误写成了"餧"。"餧"有饭的意思，"餧"则没有。以往的大多数注解都认为这里应该是"餧"，把这句话解释成：即使耕作也会有饥饿的时候。但如此解释，上下文就会连接不顺，文意也不通。

411

子曰。知及之。仁不能守之。虽得之。必失之。知及之。仁能守之。不庄以涖之。则民不敬。知及之。仁能守之。庄以涖之。动之不以礼。未善也。

【训】子曰く、知これに及ぶも、仁もてこれを守る能わざれば、これを得と雖も、必ずこれを失う。知これに及び、仁もて能くこれを守るも、荘にして以てこれに涖まざれば、民敬せず。知これに及び、仁もて能くこれを守り、荘にして以てこれに涖むも、これを動かすに礼を以てせざれば、未だ善からざるなり。

【新】孔子说，只有聪明才智，却没有仁德之治，得到的政权也一定会丧失。有聪明才智，也有仁德之治，却没有信念，百姓也不会尊敬。有聪明才智，有仁德之治，也有信念，但如果不顺应自然礼法，就是画龙而未点睛了。

412

子曰。君子不可小知。而可大受也。小人不可大受。而可小知也。

【训】子曰く、君子は小知せしむべからずして、大受せしむべきなり。小人は大受せしむべからずして、小知せしむべきなり。

【新】孔子说，各位不着眼于细节也没关系，但必须要有大局观，才能做出正确判断。如果没有大局观导致决策失误，即使再着眼于细节，也称不上有教养的君子。

413

子曰。民之于仁也。甚于水火。水火吾见蹈而死者矣。未见蹈仁而死者也。

【训】子曰く、民の仁におけるや、水火よりも甚し。水火は吾蹈んで死する者を見る。未だ仁を蹈んで死する者を見ざるなり。

【新】孔子说，人民渴望仁政，就好比生活中需要水火一样。水火过多会导致死亡，但我却没听过因仁政过多而死的例子。

414

子曰。当仁不让于师。

【训】子曰く、仁に当りては師に譲らず。

【新】孔子说，在追求仁的道路上，超过老师也没关系。

<u>415</u>

子曰。**君子貞而不諒。**

【训】子曰く、君子は貞にして諒ならず。

【新】孔子说，一个人可以被人说执着，但不能被人说固执。

<u>416</u>

子曰。**事君敬其事而后其食。**

【训】子曰く、君に事うるには、其の事を敬しみて、其の食を後にす。

【新】孔子说，官吏要考虑职责在前，考虑俸禄在后。

417

子曰。有教无类。

【训】子曰く、教えあ
りて類なし。

【新】孔子说，人和人之间的差别是教育的差别引起的，不是人种的差别。

418

子曰。道不同。不相为谋。

【训】子曰く、道、同
じからざれば、相い為に謀
らず。

【新】孔子说，不同职业的人之间，谈不拢职业上的事情。

<u>419</u>

【训】子日く、辞は達するのみ。

子日。辞达而已矣。

【新】孔子说，语言和文意相通的文章是最好的。

<u>420</u>

师冕见。及阶。子日。阶也。及席。子日。席也。皆坐。子告之日。某在斯。某在斯。师冕出。子张问日。与师言之道与。子日。然。固相师之道也。

【训】師冕、見ゆ。階に及ぶ。子曰く、階なり。席に及ぶ。子曰く、席なり。皆な坐す。子、これに告げて曰く、某は斯にあり、某は斯にあり、と。師冕出づ。子張問うて曰く、師と言うの道か。子曰く、然り。固より師を相くるの道なり。

【新】一个叫师冕的乐师眼盲，拜访孔子。他走到台阶前时，孔子说，这儿是台阶。走到座席旁时，孔子说，这儿是座席。等大家都坐下来，孔子向他介绍，某某在这里，某某在这里。师冕离开后，子张问孔子，这就是对待盲人的方法吗？孔子说，是的，但在这种情况下，不能说这是对待盲人的方法，应该说这是帮助盲人的方法。

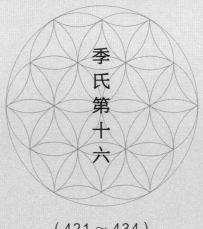

季氏第十六

（421～434）

季氏将伐颛臾。冉有季路见于孔子曰。季氏将有事于颛臾。孔子曰。求。无乃尔是过与。夫颛臾。昔者先王以为东蒙主。且在邦域之中矣。是社稷之臣也。何以伐为。冉有曰。夫子欲之。吾二臣者。皆不欲也。孔子曰。求。周任有言。曰。陈力就列。不能者止。危而不持。颠而不扶。则将焉用彼相矣。且尔言过矣。虎兕出于柙。龟玉毁于椟中。是谁之过与。冉有曰。今夫颛臾。固而近于费。今不取。后世必为子孙忧。孔子曰。求。君子疾夫舍曰欲之。而必为之辞。丘也闻有国有家者。不患寡而患不均。不患贫而患不安。盖均无贫。和无寡。安无倾。夫如是。故远人不服。则修文德以来之。既来之。则安之。今由与求也相夫子。远人不服。而不能来也。邦分崩离析。而不能守也。而谋动干戈于邦内。吾恐季孙之忧。不在颛臾。而在萧墙之内也。

【训】季氏、将に顓臾を伐たんとす。冉有、季路、孔子に見えて曰く、季氏、将に顓臾に事あらんとす。孔子曰く、求や、乃ち爾は是れ過てることなきか。夫れ顓臾は、むかし先王、以て東蒙の主となせり。且つ邦域の中にあり。是れ社稷の臣なり。何ぞ伐つを以て為さん。冉有曰く、夫子これを欲す。吾ら二臣の者は皆な欲せざるなり。孔子曰く、求や、周任言えるあり。曰く、力を陳べて列に就き、能わざれば止む、と。危くして持せず、顚えりて扶けずんば、将た焉んぞ彼の相を用いん。且つ爾の言過てり。虎兕、柙より出で、亀玉、櫝中に毀れなば、是れ誰の過ちぞ。冉有曰く、今夫れ顓臾は固くして費に近し。今取らずんば、後世必ず子孫の憂えと為らん。孔子曰く、求や、君子は夫のこれを欲すと曰うを舎きて、必ずこれが辞を為すを疾む。丘や聞く、国を有ち家を有つ者は、寡きを患えずして均しからざるを患え、貧しきを患えずして安からざるを患う、と。蓋し、均しければ貧しきことなく、和すれば寡きことなく、安ければ傾むくことなし。夫れ是の如し。故に遠人服せざれば、文徳を脩めて以てこれを来す。既にこれを来せば、則ちこれを安んず。今由と求や、夫子を相け、遠人服せずして、来すこと能わず。邦、分崩離析して守る能わざるなり。而して干戈を邦内に動かさんと謀る。吾れ恐らくは季孫の憂えは、顓臾にあらずして、蕭牆の内にあらん。

【新】鲁国大臣季氏计划要讨伐颛臾的封地。冉有和季路一起去见孔子说，季氏准备攻打颛臾。孔子说，冉求呀，你是不是想错了啊。颛臾这个郡邑曾经是周的祖先为了祭祀东蒙山所封，被鲁国的领土所环绕，是拥有独立祭社稷权利的属国，没有办法攻打它。冉有说，季氏大臣主张这样做，我等二人实际上是不赞成的。孔子说，冉求啊，你听我说，周任有句话说，尽可能地发挥自己的能力，处其位，尽其职，如果不能胜任就辞职。处境危险时从旁扶助，即将跌倒时上前搀扶，这才是辅佐大臣时应尽的职责，如果不能做到这些，就没有存在的意义了。而且，你刚才所说的话也有不对的地方。（官吏各司其职，）如果动物园的工作人员让老虎和野牛从栅栏里跑出来，库管管理的玉器和龟甲在匣子里毁坏的话，这不是说一句"不知道"就能了事的。冉有说，倒是多少有些理由，颛臾的郡邑城墙坚固，而且离季氏的根据地费邑很近，现在不把它消灭掉，将来或许会成为子孙后代更大的隐患。孔子说，冉求啊，你好好听着，你们不应该为了隐藏源自自己野心的恶意，而编造一些虚假的理由。我听说过一句话，国家也好，领地也好，支配这些的人，不担心人口少，而应担心负担不平衡。虽然没必要担心贫穷，但是会害怕不安定。试想一下，如果负担能平等的话，就不容易出现贫困。如果一直和平下去的话，人口会增加；如果消除了不安的隐患，就没有灭亡的危险。这是自然的法则。所以说如果想要亲近远方异国的话，就必须自身遵守礼仪，用和平的方式，等待对方进一步来表示友好。若是对方的人已经来了，首先要让他们安心。然而现在却听说，仲由和冉求你们两人都是季氏大臣的相，却不能亲近异国，和他们友好往来。本国内部有分裂的危险却不能阻止，反而鼓吹对邻国的战争。依我所见，你们认为颛臾的郡邑对季氏来说是危险的敌国，这种想法是错误的，我认为真正的敌人存在于那些自以为是心腹的部下里。

422

孔子曰。天下有道。则礼乐征伐。自天子出。天下无道。则礼乐征伐。自诸侯出。自诸侯出。盖十世希不失矣。自大夫出。五世希不失也。陪臣执国命。三世希不失矣。天下有道。则政不在大夫。天下有道。则庶人不议。

【训】孔子曰く、天下に道あれば、礼楽征伐、天子より出づ。天下に道なければ、礼楽征伐、諸侯より出づ。諸侯より出づれば、蓋し十世にして失わざること希なり。大夫より出づれば、五世にして失わざること希なり。陪臣国命を執れば、三世にして失わざること希なり。天下に道あれば、政、大夫にあらず。天下に道あれば、庶人議せず。

【新】孔子说，实行大义名分①之时，天下的政治、军事权力都全权掌握在天子的手里，若名分崩溃，政治、军事权力则首先转移到诸侯的手里。一旦转移到诸侯的手里，天子的大业大概历经十代就败亡了；接下来，在诸侯内部，若家臣掌控政治、军事权力，大概历经五代就灭亡了；再下去，如果是家臣的臣下越权掌握着诸侯内部的政治、军事权力，大概历经三代就败亡了。如果还实行大义名分，就不要把政务交与诸侯的家臣等。若天下有道，一般百姓就不会纷纷议论政务了。

---

① 人民对国家、臣下对君主应遵从的忠义与身份。——译者注

423

孔子曰。禄之去公室。五世矣。政
逮于大夫。四世矣。故夫三桓之子孙。
微矣。

【训】孔子曰く、禄の公室を去るこ
と五世なり。政、大夫に逮ぶこと四世な
り。故に夫の三桓の子孫微なり。

【新】孔子说，鲁国国君失去国家政权已经有五代了，政权落到家臣之手已经四代了，三桓的子孙也已经衰落了。

424

孔子曰。益者三友。
损者三友。友直。友谅。
友多闻。益矣。友便辟。
友善柔。友便佞。损矣。

【训】孔子曰く、益
する者に三友あり、損す
る者に三友あり。直きを
友とし、諒あるを友とし、
多聞を友とするは益なり。
便辟を友とし、善柔を友
とし、便佞を友とするは
損なり。

【新】孔子说，可以使人受益的朋友有三种，可以使人受损的朋友也有三种。和正直、诚信、见多识广的人交朋友会很受益；和回避责任、刻意讨好、巧言善辩的人交朋友，则有害而无益。

425

孔子曰。益者三乐。损者三乐。乐节礼乐。乐道人之善。乐多贤友。益矣。乐骄乐。乐佚游。乐宴乐。损矣。

【训】孔子曰く、益する者に三楽、損する者に三楽あり。礼楽を節するを楽み、人の善を道うを楽み、賢友多きを楽むは益なり。驕楽を楽み、佚遊を楽み、宴楽を楽むは損なり。

【新】孔子说，有益的享乐有三种，有害的享乐也有三种。适当地喜欢礼仪音乐、以宣扬他人的善事就像宣扬自己的事情一样为乐、结交贤友，这些都是有益的。沉迷于骄纵享乐、喜欢纵情游荡、喜欢饮酒欢聚，这都是有害的。

426

孔子曰。侍于君子有三愆。言未及之而言。谓之躁。言及之而不言。谓之隐。未见颜色而言。谓之瞽。

【训】孔子曰く、君子に侍するに三愆あり。言い未だこれに及ばずして言う。これを躁と謂う。言これに及びて言わず。これを隠と謂う。未だ顔色を見ずして言う。これを瞽と謂う。

【新】孔子说，侍奉主人的人有三件不能做的事：抢先说出主人接下来想要说的话，这叫作草率；主人让发言却保持沉默，这是腹黑；不看主人心情好坏就贸然说话，这是盲目。

427

【训】孔子曰く、君子に三戒あり。少き時は血気いまだ定まらず。これを戒むる、色にあり。其の壮なるに及んでや、血気方に剛なり、これを戒むる、鬪にあり。其の老いるに及んでや、血気すでに衰う。これを戒むる、得るにあり。

孔子曰。君子有三戒。少之时。血气未定。戒之在色。及其壮也。血气方刚。戒之在斗。及其老也。血气既衰。戒之在得。

【新】孔子说，诸位在人生中必须警惕三点：年轻时，情绪还未稳定，必须注意异性关系；到了壮年，血气太过旺盛，必须注意争斗的危险；等到老年了，体力衰弱，必须要警惕不想死的念头。

428

【训】孔子曰く、君子に三畏あり。天命を畏れ、大人を畏れ、聖人の言を畏る。小人は天命を知らずして畏れざるなり。大人に狎れ、聖人の言を侮る。

孔子曰。君子有三畏。畏天命。畏大人。畏圣人之言。小人不知天命。而不畏也。狎大人。侮圣人之言。

【新】孔子说，希望诸位敬畏以下三点：天命这种未知的神秘力量；德高望重之人；被史书所记载的圣人的言论。然而世间有小人，他们因为不知天命，所以无所敬畏，嘲笑德高望重之人，对圣人的教诲嗤之以鼻。

429

孔子曰。生而知之者。上也。学而知之者。次也。困而学之。又其次也。困而不学。〔民〕于斯为下矣。

【训】孔子曰く、生れながらにしてこれを知る者は上なり。学んでこれを知る者は次なり。困んでこれを学ぶは、又た其の次なり。困んで学ばず、斯に於いて下と為す。

【新】孔子说，生来就明白人生之道的，是上等人；学了之后才明白人生之道的，是低一等的人；无路可走后才感到必要性而开始学习的，是更低一等的人；即使遇到困难，也无动于衷、还不想去学习的人，是最下等的人（参见《全集》第四卷第98、131页）。

430

孔子曰。君子有九思。視
思明。聽思聰。色思溫。貌思
恭。言思忠。事思敬。疑思
問。忿思難。見得思义。

【訓】孔子曰く、君子に
九つの思いあり。視るには明
を思い、聴くには聡を思い、
色は温を思い、貌は恭を思い、
言は忠を思い、事は敬を思い、
疑いには問うを思い、忿りに
は難を思い、得るを見ては義
を思う。

【新】孔子说，希望各位考虑九件事：看的时候思考是否观察细致了；听的时候思考是否听清楚了；脸上的表情是否温和；行为是否谦恭有礼；说话是否包含真心；工作时要小心谨慎；不明白的地方不要懒于提问；即使生气了，也要考虑后果；最后最重要的是，面对利益时要考虑它是否正当。

431

孔子曰。見善如不及。
見不善如探湯。吾見其人
矣。吾聞其語矣。隱居以
求其志。行义以達其道。
吾聞其語矣。未見其人也。

【訓】孔子曰く、善を
見ては及ばざるが如くし、
不善を見ては湯に探るが如
くす。吾れ其の人を見た
り。吾れ其の語を聞けり。
隠居して以て其の志を求
め、義を行いて以て其の道
を達す。吾れ其の語を聞け
り。未だ其の人を見ざるな
り。

【新】孔子说，遇到行善的机会，就像担心会错过时机一样急于抓到手；遇到不善的行为诱惑时，就像从热水中取东西时那样快速缩回手。我确实亲眼见过这样的人，也听说过有这样的人。然而，悄无声息地按照自己的生活方式生活，满足于自己追寻正道做法的人，我虽听说有，但实际上却从未见到过。

此处如果是后世的文章，会将"吾见其人矣""吾闻其语矣"的顺序颠倒，先写"闻"，再写"见"，然后与下文的"吾闻其语矣""未见其人也"对应起来，这样感觉形式上会整齐些。然而，我仔仔细细阅读这段文字后，发现第一个"吾闻其语矣"是说，听说了实际上在所见之外是存在的，所以说到底，第一类人并不稀有。古文就是如此，在不加修饰的文章中凝结着非常巧妙的逻辑和技巧，与后世形式完整的文章相比，反而会让人觉得必须要用心去写文章。

432

〔诚不以富。亦祇以异。〕齐景公有马千驷。死之日。民无德而称焉。伯夷叔齐。饿于首阳之下。民到于今称之。其斯之谓与。

【训】〔誠に富を以てせず。亦た祇だ異を以てするのみ、とあり。〕齐の景公には馬千駟あり。死するの日、民、德として称するなし。伯夷、叔齐は首陽の下に餓う。民、今に到るまでこれを称す。其れ、斯の謂いか。

【新】有这样一句古语：财富不是万能的，钱财之外还有更加重要的东西。齐景公拥有四千匹马，临死之时，却没有一个人称赞其德行；周初的伯夷、叔齐饿死于首阳山下，百姓却直到现在仍在称颂他们的德行。古语说的正是此意。

第 288 段的最后两句应该放到这句话的开头。并且，我觉得这段话的什么地方少了"子曰"二字（参见《全集》第四卷第 81 页）。

433

陳亢問于伯魚曰。子亦有異聞乎。対曰。未也。嘗独立。鯉趨而過庭。曰。学詩乎。対曰。未也。不学詩。無以言。鯉趨而過庭。曰。学礼乎。対曰。未也。不学礼。無以立。鯉退而学礼。聞斯二者。陳亢退而喜曰。問一得三。聞詩聞礼。又聞君子之遠其子也。

【訓】陳亢、伯魚に問うて曰く、子も亦た異聞あるか。対えて曰く、未だし。嘗て独り立つ。鯉、趨りて庭を過ぐ。曰く、詩を学びたるか。対えて曰く、未だし。（曰く）詩を学ばざれば、以て言うなし、と。鯉、退いて詩を学ぶ。他日又た独り立つ。鯉、趨りて庭を過ぐ。曰く、礼を学びたるか。対えて曰く、未だし。（曰く）礼を学ばざれば、以て立つなし、と。鯉、退いて礼を学べり。斯の二者を聞く。陳亢退き、喜んで曰く、一を問うて三を得たり。詩を聞き礼を聞き、又た君子の其の子を遠ざくるを聞けり。

【新】陈亢问孔子的儿子伯鱼（鲤），有没有什么关于孔子的故事。

伯鱼回答说，也没有什么特别的事，就是前几天父亲一个人站着发呆，我快步从前面的庭院走过时，他问我，你学《诗经》了吗？我回答说还没有。他便说，不学《诗经》的话就不懂得怎么说话。于是我就自己学习了《诗经》。那之后，父亲也是独自站着发呆的时候，我又从前面的庭院快步走过。他问，你学礼了吗？我回答说还没有。他便说，不学习礼就不会知道如何在世间立足。于是，我又自己学习了礼。只有这两件事。陈亢离开后很开心地说，从一个问题中得到了三个教诲：懂得了关于《诗经》和礼的道理，也知道了老师从不亲自教自己儿子。

434

邦君之妻。君称之
曰夫人。夫人自称曰小
童。邦人称之曰君夫人。
称诸异邦曰寡小君。异
邦人称之亦曰君夫人。

【训】邦君の妻は、君よりこれを称して夫人と曰い、夫人自ら称して小童と曰い、邦人これを称して君夫人という。諸を異邦に称して寡小君と曰い、異邦人がこれを称するにも、亦た君夫人と曰う。

【新】国君的妻子，国君称她为夫人，夫人自称为小童。国内的人称她为君夫人，对别国时称她为寡小君，而别国人照样称她为君夫人。

　　同《论语》的其他部分相比，这一段的内容较为另类。《礼记》中似乎也有零碎、片段的记载，所以，可以考虑可能是记录《论语》的门人弟子笔记有误混了进来，或是在后世混入了其他断简。至少，作为孔子之言，尚无力从中引出任何教训。

阳货第十七

（435～460）

435

阳货欲见孔子。孔子不见。归孔子豚。孔子时其亡也。而往拜之。遇诸涂。谓孔子曰。来。予与尔言。曰怀其宝而迷其邦。可谓仁乎。曰不可。好从事而亟失时。可谓知乎。曰不可。日月逝矣。岁不我与。孔子曰。诺。吾将仕矣。

【训】陽貨、孔子を見んと欲す。孔子見えず。孔子に豚を帰る。孔子其の亡きを時として往いて拝す。これに塗に遇う。孔子に謂いて曰く、来れ、予れ爾と言わん。其の宝を懐きて其の邦を迷わすは、仁と謂うべきかと曰わば、不可なりと曰わん。事に従うを好みて、亟ば時を失うを、知と謂うべきかといわば、不可なりと曰わん。日月は逝く、歳は我と与にせず、とあり。孔子曰く、諾、吾れ将に仕えんとす。

【新】鲁国季氏的家臣、权术家阳货想见孔子，孔子没有去觐见，于是他送给孔子一头猪。孔子特意打听到他不在家的时候前去回礼，不料在途中相遇。阳货说，这样正好，我有话想对你说。放着宝贝不用，任由百姓人心涣散，是否符合仁道？孔子只能回答"不是"。阳货问孔子，喜欢政治却屡次错过机会，这是否是智者做的事情？孔子只能回答"不是"。阳货又问孔子对"日月逝矣，岁不我与"（日月消逝，岁月不待人）怎么看。孔子说，好了，我也做官去吧。

在这段问答的训读当中，不仔细区分阳货和孔子的对话，认为这一长串话语是阳货代替孔子自问自答的解读方法，源自俞樾的《古书疑义举例》的观点。

436

子曰。性相近也。习相远
也。

【训】子曰く、性、相い
近し。習い相い遠し。

【新】孔子说，虽然人的本性是相似的，但习惯完全改变了人。

437

子曰。唯上知与下愚不
移。

【训】子曰く、唯だ上知
と下愚とは移らず。

【新】孔子说，天才能够突破任何困境，发挥其天赋，而愚人却
不会随意改变。

438

子之武城。闻弦歌之声。夫子莞尔而笑曰。割鸡焉用牛刀。子游对曰。昔者偃也闻诸夫子。曰。君子学道则爱人。小人学道则易使也。子曰。二三子。偃之言是也。前言戏之耳。

【训】子、武城に之き、弦歌の声を聞く。夫子、莞爾として笑つて曰く、鶏を割くに、焉んぞ牛刀を用いん。子游対えて曰く、昔は偃や、これを夫子に聞く。曰く、君子道を学べば人を愛し、小人道を学べば使い易し、と。子曰く、二三子、偃の言是なり。前言は之に戯れしのみ。

【新】孔子来到一个叫作武城的小镇，在代官子游的陪同下，看到了和着琴声歌唱的雅乐练习。孔子不由得微微一笑，说，杀鸡何必要拿出秘藏的名刀呢！子游回答说，以前我也请教过您这个问题。您那时说，君主学习了道就能爱护人民，一般的平民学习了道就会对上级顺从。孔子说，是的，偃说得对，我是一不留神失言了（参见《全集》第四卷第155页）。

439

公山弗扰。以费畔。召子。欲往。子路不说曰。末之也已。何必公山氏之之也。子曰。夫召我者。而岂徒哉。如有用我者。吾其为东周乎。

【训】公山弗擾、費を以て畔き子を召す。往かんと欲す。子路、説ばずして曰く、之く末からんのみ。何ぞ必ずしも公山氏にこれ之かんや。子曰く、夫れ我を召す者は、豈に徒らになるのみならんや。如し我を用うる者あらば、吾は其れ東周と為さんか。

【新】公山弗扰占据费邑反叛，来请孔子。孔子准备前往，子路不赞成，说，不去了吧，为什么偏偏要去帮助公山弗扰呢？孔子说，既然信赖我，来召唤我定有他的理由。如果他听从我的话，我就可以像东周复兴那样复兴此地。

　　以前的注释都是把"召子欲往"这句话在"召"这里断开，后接"子欲往"，这可能是出于认为"召子"的说法会让人感到对孔子很失礼的想法吧。但参照下文，在孔子的说话内容中有"召我"一句，所以也就无法用其他的方法训读了。这样看来，这段文字的记录者显然是希望上文被理解为"召子"才这样写的。同样是表达对孔子的尊崇，创作《论语》的时代与把它作为经典接受的后世之间，在"孔子观"上存在的分歧如此之大，是很值得注意的。第 441 段亦然。

440

子張問仁於孔子。孔子曰。能行五者於天下為仁矣。請問之。曰。恭寬信敏惠。恭則不侮。寬則得眾。信則人任焉。敏則有功。惠則足以使人。

【训】子張、仁を孔子に問う。孔子曰く、能く五者を天下に行うを仁と為す。これを請い問う。曰く、恭・寬・信・敏・惠なり。恭なれば侮られず。寬なれば衆を得。信なれば人、これに任ず。敏なれば功あり。惠あれば以て人を使うに足る。

【新】子张问孔子何为仁。孔子说，能在天下实行五件事就可以称得上仁者。（子张说，）想仔细听您道来。孔子说，这五件事是恭、宽、信、敏、惠。自身恭俭，就不会被他人侮辱；宽厚对待他人，就能得到很多人的拥护；重视信用，能得到他人的任用；工作敏捷，效率就高；慈恩的人，才能使人们服从指挥（参见《全集》第四卷第103页）。

441

佛肸召子。欲往。子路曰。昔者由也。闻诸夫子曰。亲于其身为不善者。君子不入也。佛肸以中牟畔。子之往也。如之何。子曰。然。有是言也。不曰坚乎。磨而不磷。不曰白乎。涅而不缁。吾岂匏瓜也哉。焉能系而不食。

【训】仏肸、子を召すに往かんと欲す。子路曰く、昔は由や、これを夫子に聞けり。曰く、親から其の身に不善を為す者には、君子は入らざるなり、と。仏肸、中牟を以て畔く。子の往かんとするや、これを如何せん。子曰く、然り。是の言あるなり。堅きを曰わずや、磨すれども磷らず。白きを曰わずや、涅れども緇まず、と。吾、豈に匏瓜ならんや。焉んぞ能く、繋りて食われざらんや。

【新】佛肸召孔子去，孔子准备前往。子路说，以前我听先生说过，君子们是绝对不和那些自己主动去做坏事的人成为朋友的。佛肸据中牟之地发动叛乱，先生要前往此地，这如何解释？孔子

说，是啊，我确实讲过这样的话，不过我另有想法。形容坚硬东西时，有"磨而不磷"（磨也磨不掉）的说法。在形容白色东西时，有"涅而不缁"（即使再染墨也染不黑）的说法。此外，形容葫芦这样没有味道的东西时，有"系而不食"（摇摇晃晃地垂挂在那里，又不能吃）的说法。如果按你所说，我就如那葫芦一般，没有任何作用喽！

我认为，"磨而不磷，涅而不缁，系而不食"这三句可能是佚诗中连续出现的句子（参见《全集》第四卷第137页）。

442

子曰。由也。女闻六言六蔽矣乎。对曰。未也。居。吾语女。好仁不好学。其蔽也愚。好知不好学。其蔽也荡。好信不好学。其蔽也贼。好直不好学。其蔽也绞。好勇不好学。其蔽也乱。好刚不好学。其蔽也狂。

【训】子曰く、由や、女は六言六蔽を聞けるか。対えて曰く、未だし。（子曰く）居れ、吾、女に語げん。仁を好んで学を好まざれば、其の蔽や愚。知を好みて学を好まざれば、其の蔽や蕩。信を好みて学を好まざれば、其の蔽や賊。直を好みて学を好まざれば、其の蔽や絞。勇を好みて学を好まざれば、其の蔽や乱。剛を好みて学を好まざれば、其の蔽や狂なり。

【新】孔子说，由啊，你听说过表示六种弊病的六个词语吗？子路回答说，没有。孔子说，是吗？那我告诉你。想要实行仁德却不做学问，其害处是受人愚弄；崇尚知识却不做学问，其害处是导致过于自负；只重视信义却不做学问，其害处是会受到伤害；只是一味地直率而不做学问，其害处是陷入孤立的境地；逞一时之勇而不做学问，其害处是会自暴自弃；争强好胜却不做学问，其害处就是被别人厌恶。

443

子曰。小子何莫学夫诗。诗可以兴。可以观。可以群。可以怨。迩之事父。远之事君。多识于鸟兽草木之名。

【训】子曰く、小子、何ぞ夫の詩を学ぶ莫きや。詩は以て興すべく、以て観るべく、以て羣すべく、以て怨むべし。これを邇くしては父に事え、これを遠くしては君に事え、多く鳥獣草木の名を識る。

【新】孔子说，你们一定要学习《诗经》。学习《诗经》，首先可以激起对学问的兴趣，能够提高效率，牢记分工协作，培养正义感，在身边侍奉父母、在朝侍奉君主时可以发挥作用，《诗经》中出现的鸟兽草木的名字，可以让我们从中获得博物学方面的知识。

444

子谓伯鱼曰。女为周南召南矣乎。人而不为周南召南。其犹正墙面而立也与。

【训】子、伯魚に謂いて曰く、女は周南・召南を為めたるか。人にして周南・召南を為めざれば、其れ猶お正しく牆面して立つがごときか。

【新】孔子对伯鱼说，你学习过《诗经》中"周南"和"召南"的部分吗？一个人如果没有学习过"周南"和"召南"的话，就像头都碰着壁了却一动不动一样。

445

子曰。礼云礼云。玉帛云乎哉。乐云乐云。钟鼓云乎哉。

【训】子曰く、礼と云い礼と云う、玉帛を云わんや。楽と云い楽と云う、鐘鼓を云わんや。

【新】孔子说，都说礼仪很重要，难道只是指玉器和绢帛这样的礼物吗？都说音乐很重要，难道只是指钟和大鼓发出的声音吗？

446

子曰。色厉而内荏。譬诸小人。其犹穿窬之盗也与。

【训】子曰く、色厲しくして、内荏かなるは、諸を小人に譬うれば、其れ猶おだ穿窬の盗のごときか。

【新】孔子说，看起来很严正公平、背后却收取贿赂的人，如果放在盗贼的圈子里说来，顶多算个小毛贼。

447

子曰。乡原。德之贼也。

【训】子曰く、郷原は徳の賊なり。

【新】孔子说，不分是非的好好先生，是败坏道德之人。

448

子曰。道听而涂说。德之
弃也。

【训】子曰く、道すがら聴
きて、塗すがら説くは、徳をこ
れ棄つるなり。

【新】孔子说，把刚从别人那里听到的事情立刻当成自己的主张加以宣扬，是丢掉上进心的人的所为。

449

子曰。鄙夫可与事君也与哉。
其未得之也。患得之。既得之。患
失之。苟患失之。无所不至矣。

【训】子曰く、鄙夫は与に君に
事うべけんや。其の未だこれを得
ざるや、これを得んと患う。既に
これを得れば、これを失わんこと
を患う。苟くもこれを失わんこと
を患うれば、至らざる所なし。

【新】孔子说，如果和小人一起侍奉君主的话，会很倒霉的。在没有得到心仪的官位时，总是费尽心机想要得到，终于到手了，又开始焦躁不安，无论发生什么事情都不想失去它。如果他心里焦躁不安，害怕失去自己不应得到的东西，那他就什么事都干得出来。

450

子曰。古者民有三疾。今也或是之亡也。古之狂也肆。今之狂也荡。古之矜也廉。今之矜也忿戾。古之愚也直。今之愚也诈而已矣。

【训】子曰く、古は民に三疾ありき。今や或いはこれ亡きなり。古の狂や肆なり、今の狂や蕩なり。古の矜や廉なり、今の矜や忿戾なり。古の愚や直なり、今の愚や詐れるのみ。

【新】孔子说，先前的百姓也有三种毛病，但是和当今的情形却有不同。古代被称为"狂"的怪人只是容易信口开河而已，现在的"狂"指的是精神异常。古代被称为"矜"的自信者以孤高为傲，现在的"矜"只是爱吵架的人。古代被称为"愚"的人很直率，现在的"愚"者却都是骗子。

451

子曰。巧言令色。鲜
矣仁。

【训】子曰く、巧言令
色には、鲜いかな仁。

【新】同第 3 段。

452

子曰。恶紫之夺朱也。
恶郑声之乱雅乐也。恶利口之
覆邦家者。

【训】子曰く、紫の朱を
夺うを恶む。郑声の雅楽を乱
すを恶む。利口の邦家を覆え
す者を恶む。

【新】孔子说，要防止把紫色当作红色；郑国的靡靡之音有时会
混进用于礼仪的雅乐之中；伶牙俐齿之人有时一边企图颠覆国家，一
边却像忠臣一样。

453

子曰。予欲无言。子贡曰。子如不言。则小子何述焉。子曰。天何言哉。四时行焉。百物生焉。天何言哉。

【训】子曰く、予れは言うこと無からんと欲す。子貢曰く、子もし言わずんば、小子何をか述べん。子曰く、天何をか言わんや。四時行われ、百物生ず。天何をか言わんや。

【新】孔子说，我已经不想说话了。子贡说，先生如果不说话，我们这些弟子还有什么向徒弟们传述呢？孔子说，请抬头看天，它什么也不说。四季没有停歇照样运行，万物依旧生长，天不是什么也没说吗？

一般认为，在孔子门下的生活中，前辈弟子指导后辈弟子，就如同日本江户时代的私塾生活一样。在此期间，把先生的话传达给后辈就是"述"，孔子所说的"述而不作"的"述"也是同样的用法。另外，在本段中出现的"天"的思想和道家的"无为"思想非常接近。或许这也是后世的思想混入到了《论语》中吧。

454

孺悲欲见孔子。孔子辞以疾。将命者出户。取瑟而歌。使之闻之。

【训】孺悲、孔子に見えんと欲す。孔子、辞するに疾を以てす。命を将う者、戸を出づ。瑟を取りて歌い、これをしてこれを聞かしむ。

【新】孺悲要求见孔子，孔子以有病为由推辞不见。传话的人刚离开孔子的房间，孔子便取来琴，和着琴声大声歌唱，故意让屋外的孺悲听到。

<u>455</u>

宰我问。三年之丧。期已久矣。君子三年不为礼。礼必坏。三年不为乐。乐必崩。旧谷既没。新谷既升。钻燧改火。期可已矣。子曰。食夫稻。衣夫锦。于女安乎。曰。安。女安则为之。夫君子之居丧。食旨不甘。闻乐不乐。居处不安。故不为也。今女安。则为之。宰我出。子曰。予之不仁也。子生三年。然后免于父母之怀。夫三年之丧。天下之通丧也。予也有三年之爱于其父母乎。

【训】宰我問う。三年の喪は、期して已に久し。君子、三年礼を為さざれば、礼必ず壞れん。三年楽を為さざれば、楽必ず崩れん。旧穀既に没きて、新穀既に升る。燧を鑽り火を改め、期にして已むべし。子曰く、夫の稲を食い、夫の錦を衣る、女において安きか。曰く、安し。〔曰く〕女安ければこれを為せ。夫れ君子の喪に居るや、旨きを食えども甘からず、楽を聞けども楽しからず、居処して安からず、故に為さざるなり。今女安ければこれを為せ。宰我出づ。子曰く、予の不仁なるや。子生れて三年、然る後に父母の懐より免がる。夫れ三年の喪は天下の通喪なり。予や、其の父母において三年の愛あるか。

【新】宰我问，给父母要服丧三年，意味着一年过后也还要继续

下去。当政者如果一直服丧三年，不施行礼法的话，礼法就会败坏；三年不演奏音乐，音乐也会荒废。去年的谷物吃完时，今年的新谷正好成熟；用钻燧取的新火代替旧火也是一年一次。所以服丧也以一年为期，到期即止，难道不好吗？孔子说，父母才死了一年，就吃好米、穿好衣、恢复普通生活，你不觉得于心不安、过意不去吗？宰我回答说，倒也没什么啊！孔子说，如果你不觉得怎样的话，随你喜欢好了。古人在服丧期间，食美味却不知味，听音乐却不觉得快乐，想贪图安逸都不安心，所以压根儿也就不会这样做。不过，你觉得这样无所谓的话，随你喜欢好了。宰我出去后，孔子说，宰予真是个无情之人。小孩子出生三年以后才能离开父母的怀抱，所以才为父母服丧三年，这是普天下通用的原则。宰予对自己父母回报这三年恩情的情分都没有吗？

456

子曰。饱食终日。无所用心。难矣哉。不有博弈者乎。为之犹贤乎已。

【训】子曰く、饱食して日を终え、心を用うる所なし。难いかな。博奕なるものあらずや。これを為すは猶お已むに贤れり。

【新】孔子说，整天吃饱了饭、不动脑的人很多。不是还有博弈这样分胜负的游戏吗？即使玩一玩博弈，也比闲着好。

457

子路曰。君子尚勇
乎。子曰。君子义以为
上。君子有勇而无义为
乱。小人有勇而无义为
盗。

【训】子路曰く、
君子は勇を尚ぶか。子
曰く、君子は義、もっ
て上と為す。君子、勇
ありて義なければ乱を
為し、小人、勇ありて
義なければ盗を為す。

【新】子路说，先生崇尚勇气吗？孔子说，希望诸位重视分辨好坏的判断力，胜过重视勇气。只有勇气而缺乏判断力，就会陷入武斗，何况，要是不及你们的人只有勇气而缺乏判断力的话，很可能成为盗贼。

458

子贡曰。君子亦有恶乎。子曰。
有恶。恶称人之恶者。恶居下流而讪
上者。恶勇而无礼者。恶果敢而窒
者。曰。赐也亦有恶乎。恶徼以为知
者。恶不孙以为勇者。恶讦以为直
者。

【训】子貢曰く、君子も亦た悪む
ことあるか。子曰く、悪むことめり。
人の悪を称する者を悪む。下流に居
りて上を訕る者を悪む。勇にして礼
なき者を悪む。果敢にして窒がる者
を悪む。曰く、賜や、亦た悪むこと
あるかな。徼えて以て知と為す者を
悪む。不孫にして以て勇と為す者を
悪む。訐いて以て直と為す者を悪む。

【新】子贡说，先生也有厌恶别人的时候吗？孔子说，有这样的时候。我厌恶在人前宣扬别人坏处的人；讨厌把自己的缺点束之高阁、却说优秀的人坏处的人；厌恶无视对方、不懂礼仪的人；厌恶刚下定决心，又半途而废、只知逃避的人。子贡说，听您这样说，我也想说一下我厌恶的人。我厌恶剽窃别人的成就来显示自己头脑很聪明的人；厌恶把傲慢的举止当作勇气象征的人；厌恶揭人隐私而自认为直率的人。

历来认为，本段的第三个"曰"之后的"赐也亦有恶乎"是孔子改变说法反问子贡的话，但我认为，把它当作子贡说的话更好。"亦有恶乎"是疑问句中常用的句式，然而，即使有"乎"这个字，也未必就是疑问句形式，故将其解释为子贡怀有顾虑的委婉发言似乎更合适（参见《全集》第四卷第159页）。

459

子曰。唯女子与小人为难养也。近之则不孙。远之则怨。

【训】子曰く、唯だ女子と小人とは養い難しと為すなり。これを近づくれば不孫、これを遠ざくれば怨む。

【新】孔子说，妾和奴隶是最难相处的。若是厚待他们，他们就会恃宠无礼；若是疏远他们，他们就会怀恨在心。

460

子曰。年四十而见恶焉。其终也已。

【训】子曰く、年四十にして悪まるるは、其れ終らんのみ。

【新】孔子说，到了四十岁还被别人厌恶的话，这样的恶名就会陪伴他一生。

我认为，这个"恶"字，总觉得像是和它形态非常相似的"惑"字的误写。孔子到了四十岁，有了"不惑"的自信，闯过了这个关口。在孔子的想法中，如果单是被讨厌，是无法成为蠢钝无能的证据的（参见第 326、406 段）。

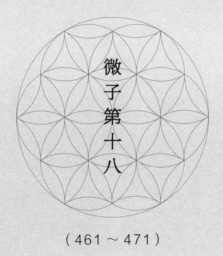

微子第十八

（461～471）

461

微子去之。箕子為
之奴。比干諫而死。孔子
曰。殷有三仁焉。

【訓】微子はこれを
去り、箕子はこれが奴と
為り、比干は諫めて死
す。孔子曰く、殷に三仁
ありき。

【新】微子从殷纣王身边逃走，箕子被贬为奴隶，比干进谏被杀。孔子说，殷朝有三位这样的仁者啊！

中国古代实行奴隶制，但在《论语》中出现"奴"字的段落，只有这一处。"奴"字自汉代起被广泛使用，在此之前用的是"臣"字。

462

柳下惠為士師。三
黜。人曰。子未可以去
乎。曰。直道而事人。焉
往而不三黜。枉道而事
人。何必去父母之邦。

【訓】柳下惠は士師
と為り、三たび黜けらる。
人曰く、子は未だ以て去
るべからざるか。曰く、
直道もて人に事えば、焉
んぞ往くとして三たび黜
けられざらんや。枉道も
て人に事えば、何ぞ必ず
しも父母の邦を去らん。

【新】柳下惠被任命为法官，三次被罢免。有人说，既然如此，去别国任官岂不更好？柳下惠说，秉持正义侍奉君主，不管去哪个国家都会被多次罢官。如果不打算秉持正义侍奉君主，不管去哪个国家也都能胜任。离开自己生长的母国，哪儿才有好地方呢！

463

齐景公待孔子曰。若季氏。则吾不能。以季孟之间待之。曰。吾老矣。不能用也。孔子行。

【训】斉の景公、孔子を待つに曰く、季氏の若くするは、吾れ能くせず。季・孟の間を以てこれを待たん。曰く、吾れ老いたり。用うる能わざるなり、と。孔子行る。

【新】齐景公讲到对待孔子的礼节时说，像对待鲁国季氏那样，我做不到。（有人说，）那就以介于季氏和孟氏之间的待遇对待孔子，如何？齐景公说，我已经老了，不能再任用像孔子这样的新人了。孔子听说后，就离开了齐国。

464

齐人归女乐。季桓子受之。三日不朝。孔子行。

【训】斉人、女楽を帰る。季桓子これを受け、三日朝せず。孔子行る。

【新】齐国赠送歌女给鲁国，家臣季恒子接受后，三天不理朝政，孔子感到失望离开了鲁国。

465

楚狂接輿。歌而过孔子曰。凤兮凤兮。何德之衰。往者不可谏。来者犹可追。已而已而。今之从政者殆而。孔子下欲与之言。趋而辟之。不得与之言。

【训】楚の狂、接輿、歌って孔子を過りて曰く、鳳や鳳や、何ぞ徳の衰えたる。往きし者は諫むべからず、来る者は猶お追うべし。已まんのみ已まんのみ。今の政に従う者は殆し。孔子下りてこれと言わんと欲す。趨りてこれを辟け、これと言うを得ざりき。

【新】楚国怪人接輿唱着歌经过孔子的门前，唱道，凤凰来了，凤凰来了，来到这个衰败的世间做什么呢？过去的已经无法挽回，未来的还来得及追赶。算了吧，算了吧，只要触及政治就不会有什么好事。孔子听到后，下了厅堂来到门前，想要听他再唱，接輿却早已小跑着离开了，孔子没有见到他。

466

长沮桀溺。耦而耕。孔子过之。使子路问津焉。长沮曰。夫执舆者为谁。子路曰。为孔丘。曰。是鲁孔丘与。曰。是也。曰。是知津矣。问于桀溺。桀溺曰。子为谁。曰。为仲由。曰。是鲁孔丘之徒与。对曰。然。曰。滔滔者。天下皆是也。而谁以易之。且而与其从辟人之士也。岂若从辟世之士哉。耰而不辍。子路行以告。夫子怃然曰。鸟兽不可与同群。吾非斯人之徒。与而谁与。天下有道。丘不与易也。

【训】長沮と桀溺と耦して耕す。孔子これを過り、子路をして津を問わしむ。長沮曰く、夫の輿を執る者は誰とか為す。子路曰く、孔丘たり。曰く、是れ魯の孔丘か。曰く、是れなり。曰く、是れならば津を知れり。桀溺に問う。桀溺曰く、子は誰とか為す。曰く、仲由たり。曰く、是れ魯の孔丘の徒か。対えて曰く、然り。曰く、滔滔たる者は、天下皆な是れなり。而して誰か以てこれに易うる若かんや、と。耰して輟めず。子路行りて以て告ぐ。夫子憮然として曰く、鳥と獣とは与に羣を同じくすべからず。吾は斯の人の徒と与にするに非ずして、誰と与にせん。吾は斯の人の徒に非ず。而〔なんで〕と与に誰に与〔くみ〕せん。天下に道あれば、丘は与に易〔か〕えざるなり。天下の有道には、丘は与し易〔たが〕わざるなり。

【新】长沮和桀溺两人一起耕种。孔子路过，（察觉到他俩并非凡人，本无事却故意）吩咐子路去询问渡口在哪里。长沮问，那个握着缰绳的男子是谁？子路回答说，是孔丘。长沮问，是鲁国的孔丘吗？

子路答，是的。长沮说，那样的话，即使不告诉他，他也应该知道渡口的位置。子路又问桀溺。桀溺问，你是谁？子路回答说，我是仲由。桀溺说，如此说来，你就是鲁国孔丘的同伴喽。子路回答说，是的。桀溺说，天底下到处都是顺应社会潮流的人，违背潮流的有谁呢？你好像就是其中一员。比起做孤僻的孔丘的同伴，还不如干脆成为我们这些厌世者的同伴，如何？一边说着，一边不停地往长沮挖好的坑里播下种子。子路回来报告给孔子。孔子怅然地说，飞禽无法与走兽同群共处，即使我想和他们做朋友也做不成，古语云："与而谁与？"（我和你在一起，能成为谁的同伴呢？）（我并不讨厌世人，）但我是绝对不会从天下的有道者身边离开的。

以前对本段的注释，意思都不甚明确。究其原因，有以下三点：

首先，"非斯人之徒与而谁与"这一句的训读法与第262段"非夫人之为恸。而谁为"（我不为这样的人而恸哭还能为谁恸哭呢？）。这句话结构非常相似，所以，此处也训读为"斯の人の徒と与にするに非ずして誰と与にせん"。但是，这样一来，孔子就要成为"斯人之徒"即长沮、桀溺的同伴，这让人感到不明白，因此，只好把"斯人之徒"解释为"天下大众"。可究竟是否能把"天下大众"称为"斯人之徒"呢？为了把"斯人之徒"自然而然地解释为"长沮和桀溺之流"，我尝试着在上文中"吾非斯人之徒（吾は斯の人の徒に非ず）"这里暂且断开，于是，后面剩下"与而谁与"四个字。这样第一个字和第四个字就相同了，这种情况多用于古语的引用。"而"的读法是个问题，不过，恰巧前面桀溺的话语中也有一个"而"字，并且读成和"汝"一样的发音"な

んじ"，也丝毫不觉唐突。只是，此处即使按照历来断句，解释为"自己如果不能成为长沮和桀溺的同伴，还能成为谁的伙伴"，也并非说不通。

其次，以前都把"有道"二字理解为"道あれば（如果有道）"。《论语》中将其解释为"有道者"，作为名词使用的地方有两处，即第 14、297 段。在这种情况下，作为名词来解释，意思能说得通。前文中的"天下滔滔者"说的是事实，而另一方面，"天下有道"也是事实，正因为如此，孔子才能成为这些人的同伴。

而且，以前把飞禽走兽看作是一伙，认为它们是与人类对立的存在，但这也是使文章意思不明确的一个原因。此处把飞禽看成一伙，把走兽看为一伙，分开处理，是在比喻长沮、桀溺和孔子之间的关系。中国后来的注释者认为，把人比喻为动物，总有些亵渎人类的感觉，所以尽量避开这样的表述，但是古人却不在乎这些。如果要准确地把握这句话的意思，采取儒家和隐者完全是两回事的立场，就能把整体的意思带入另一个方向进行解释。

另外，以前把"谁以易之"的"易"当作"改易"，将其解释为"改革天下习俗"的意思，但这显得很唐突，并且过于夸张。"易"还可以训读为"違う（不同）"，在这里应该解释为"与天下大众的潮流方向有所不同"的意思。这同桀溺接下来的话中的"辟人"为"避人"的用法相似。最后的"丘不与易也"的"易"也是相同的意思，即"对于有道之人，绝不背道而驰"（参见《全集》第四卷第 166 页）。

467

子路从而后。遇丈人以杖荷蓧。子路问曰。子见夫子乎。丈人曰。四体不勤。五谷不分。孰为夫子。植其杖而芸。子路拱而立。止子路宿。杀鸡为黍而食之。见其二子焉。明日子路行以告。子〔路〕曰。隐者也。使子路反见之。至则行矣。子〔路〕曰。不仕无义。长幼之节。不可废也。君臣之义。如之何其废之。欲洁其身而乱大伦。君子之仕也。行其义也。道之不行。已知之矣。

【训】子路、従って後る。丈人の杖を以て蓧を荷うに遇う。子路問うて曰く、子は夫子を見たるか。丈人曰く、四体ありて勤めず、五穀分たず、孰をか夫子と為すや、と。其の杖を植てて芸る。子路拱して立つ。子路を止めて宿せしめ、雞を殺し黍を為りて之に食わしめ、其の二子を見しむ。明日子路行り、以て告ぐ。子曰く、隠者なり、と。子路をして反りてこれを見しむ。至れば則ち行れり。子曰く、仕えざるは義なし。長幼の節、廃すべからざるならば、君臣の義は、これを如何ぞ其れこれを廃せん。其の身を潔くせんと欲して大倫を乱る。君子の仕うるや、其の義を行わんとするなり。道の行われざるは、已にこれを知れり。

【新】子路跟随孔子出行，落在后面了，在追赶孔子的途中遇到了一位用拐杖挑着竹筐的老人。子路便上前询问，您看到我的老师了吗？老人回答说，我身体在不停地劳动，都不能辨别五谷，谁是你的老师呢？说着把拐杖立到地里，开始除草。子路拱着手表达敬意，开始和老人站着交谈。随后，老人留子路到他家住宿，杀鸡做饭请他吃，还把自己的两个孩子介绍给子路。第二天，子路启程，追赶上孔子后，把这件事告诉了孔子。孔子说，这是位隐士啊。（如果是这样

的话，我有话要和他说。）于是吩咐子路返回去再去看看他。当子路
回到那里，老人已经不知去向了。孔子想让子路说的话是：不做官的
主张没有任何根据；不能无视尊老爱幼的礼节。（事实上，现在子路
不是尊称老人为"您"了吗？老人为了表示敬意，不也把自己的两个
儿子介绍给年长的子路了吗？）君与臣之间的关系，同样是想要无视
也无视不了的。您想要一身清白，却忽视了不能忽视的重要的人际关
系。我们的伙伴想向君主谋求官位，只是为了行使作为人的义务。只
是，至于这个理想不能马上实现这一点，我是早就知道的（参见《全
集》第四卷第 113 页）。

468

逸民。伯夷。叔齐。虞仲。夷逸。朱
张。柳下惠。少连。子曰。不降其志。不辱
其身。伯夷叔齐与。谓柳下惠少连。降志辱
身矣。言中伦。行中虑。其斯而已矣。谓虞
仲夷逸。隐居放言。身中清。废中权。我则
异于是。无可无不可。

【训】逸民には、伯夷、叔齐、虞仲、
夷逸、朱張、柳下惠、少連あり。子曰く、
其の志を降さず、其の身を辱しめざるは、
伯夷、叔齐か。柳下惠、少連を、志を降
し、身を辱しむるも、言は倫に中り、行い
は慮に中ると謂うは、其れ斯のごときの
み。虞仲、夷逸を、隠居して放言す、身は
清に中り、廃は権に中ると謂うは、我は則
ち是れに異なる。可とする無く、不可とす
るも無し。

【新】古代相传隐逸的人有伯夷、叔齐、虞仲、夷逸、朱张、柳
下惠、少连等七人。孔子说，不降低自己的意志，不屈辱自己的身份，

这是伯夷、叔齐吧。如果说柳下惠、少连有时会降低自己的意志，屈辱自己的身份，但说话合乎道理，行为与思想一致的话，我认为说得没错，我也赞成。说到虞仲和夷逸，有人说，作为隐居者，说话很随便，但能洁身自好，不得已抛弃世俗，处世合乎权宜，我却对此有不同的看法。并不能说这样的行为就好，也并不能说这样的行为不好。

在本段中，"子曰"之后都是孔子所说的话。然而，在以往的解释中，将"谓柳下惠少连"和"谓虞仲夷逸"两句理解为叙述句，因而意思不通。实际上可以解释为，这两个句子其实包含在孔子的说话内容里。并且，"其斯而已矣""我则异于是"都是孔子对既有看法的评价，表明对前者是赞成的，对后者是不赞成的。

而且，从意义上来讲，本段和第 372 段存在联系。我认为，这是把孔子的一句话，分别由两位弟子通过各自的记忆记录下来，并收录在了两个不同的地方。

469

大师挚适齐。亚饭干适楚。三饭缭适蔡。四饭缺适秦。鼓方叔。入于河。播鼗武。入于汉。少师阳。击磬襄。入于海。

【训】大师挚は齐に適き、亜飯干は楚に適き、三飯繚は蔡に適き、四飯缺は秦に適き、鼓方叔は河に入り、播鼗武は漢に入り、少師陽、撃磬襄は海に入る。

【新】（殷朝灭亡之时）指挥者太师挚逃到了齐国，作为第二演奏者的二饭干逃到了楚国，作为第三演奏者的三饭缭逃往蔡国，第四演奏者四饭缺逃往秦国，太鼓手鼓方叔渡过黄河，鼓手播鼗武渡过汉水，副指挥者少师阳和击磬乐师襄乘船出海来到了岛上。

这一段可能是作为礼乐之师的孔子在上课期间给弟子讲的音乐史中的一节。据说"二饭""三饭""四饭"是在君主用膳时演奏音乐之人，但真实情况无从得知。只是，因为在当时主乐器就是古筝，所以，可以想象，"二饭"以下都是演奏古筝的。

470

周公谓鲁公曰。君子不施其亲。不使大臣怨乎不以。故旧无大故。则不弃也。无求备于一人。

【训】周公、魯公に謂いて曰く、君子は其の親を施てず。大臣をして以いられざるを怨ましめず。故旧は大故なければ棄てざるなり。備わるを一人に求むることなかれ。

【新】周公曾在他的儿子鲁公伯禽赴任前教诲他说，你不能疏远你的亲属，不能让大臣抱怨不被重用，旧友老臣只要没有大的过失就不要抛弃他们，不能对人求全责备。

<u>471</u>

周有八士。伯达。伯适。

仲突。仲忽。叔夜。叔夏。季

随。季騧。

【训】周に八士あり。伯

達、伯适、仲突、仲忽、叔夜、

叔夏、季随、季騧なり。

【新】周代有八位杰出人物。他们的名字分别是伯达、伯适、仲突、仲忽、叔夜、叔夏、季随、季騧。

这是孔子历史讲义的一部分，大概是记录者忘记说明了。

子张第十九

（472～496）

472

子张曰。士
见危致命。见得
思义。祭思敬。
丧思哀。其可已
矣。

【训】子張曰
く、士は危きを見
ては命を致し、得
るを見ては義を思
い、祭には敬を思
い、喪には哀を思
う。其れ可なるの
み。

【新】子张说，身为治学之人，若遇到危险时能想到是否该献出生命，面对利益时能想到是否可取，祭祀时能想到虔诚恭敬，居丧时能想到哀痛悲戚，便是合格。

此段中，虽"思义""思敬""思哀"三次提到"思"字，但最开始的"见危致命"中并无"思"字。反过来考虑，当遇到危险之时，不论事情本身如何，"致命"都不是儒家的本意，它只是主张应有赴死的决心，在真正实行之前应在心中有所考虑。如此，我在译文中多加了"思（想到）"字成文。

473

子张曰。执德不
弘。信道不笃。焉能
为有。焉能为亡。

【训】子張曰く、
徳を執ること弘から
ず、道を信ずること
篤からずんば、焉ん
ぞ能く有りと為し、
焉んぞ能く亡しと為
さん。

【新】子张说，难得有志于积累修养却视野狭隘，难得尊崇道义却信仰不固，这样是有志于此还是并无此意呢?

474

子夏之門人。問交于子張。子張曰。子夏
云何。対曰。子夏曰。可者与之。其不可者拒
之。子張曰。異乎吾所聞。君子尊賢而容衆。
嘉善而矜不能。我之大賢与。于人何所不容。
我之不賢与。人将拒我。如之何其拒人也。

【训】子夏の門人、交わりを子張に問う。
子張曰く、子夏は何とか云える。対えて曰く、
子夏の曰えるは、可なる者はこれに与し、其
の不可なる者はこれを拒め、とあり。子張曰
く、吾が聞ける所に異なり。君子は賢を尊ん
で衆を容れ、善を嘉みして不能を矜む、と。
我の大賢なるか。人に於いて何の容れざる所
ぞ。我の不賢なるか。人将に我を拒まんとす。
これを如何ぞ其れ人を拒まんや。

【新】子夏的门人向子张请教与人交往的心得。子张问，你的老师子夏怎么说? 门人回答说，子夏曾说，选良人交往，避开不合适的人，不与其交往。子张说，这与我（从孔子处）听得的道理不同。我听到的教导是，尊敬贤者的同时，也要包容大众; 赞赏有德才之人时，也要同情有所不足的人。我认为说得很有道理。如果我是大贤之人，那我对任何人都能包容相处; 若我是个愚蠢之人，别人就会拒绝与我交往，那我又怎么可能去拒绝别人呢?

475

子夏曰。虽小道。必有可观者焉。致远恐泥。是以君子不为也。

【训】子夏曰く、小道と雖も必ず観るべきものあらん。遠きを致すには泥まんことを恐る。是を以て君子は為さざるなり。

【新】子夏说，即便是不足取的小技艺，其中也应有某些可取之处。但对于远途旅行而言，最忌讳的是陷入泥潭，因此绝不推荐诸位从事这些小技艺。

476

子夏曰。日知其所亡。月无忘其所能。可谓好学也已矣。

【训】子夏曰く、日にその亡き所を知り、月にその能くする所を忘るなし。学を好むと謂うべきのみ。

【新】子夏说，每天能学到此前未学过的知识，过一个月也并未遗忘已学到的知识，这样才是真正的好学之人。

477

子夏曰。博学而笃
志。切问而近思。仁在其
中矣。

【训】子夏曰く、博
く学んで篤く志し、切に
問いて近く思う。仁、其
の中に在り。

【新】子夏说，博学并热情地追求理想，找寻切实的问题并当作自己的事仔细思考，治学的目的——仁，便会自然体现其中。

478

子夏曰。百工居肆以
成其事。君子学以致其道。

【训】子夏曰く、百工
は肆に居りて以て其の事を
成し、君子は学んで以て其
の道を致す。

【新】子夏说，工商业者以他们各自的小店作为职场立业，诸位也应该将做学问作为工作去努力，以成就自己的理想。

479

子夏曰。小人之过也必文。

【训】子夏曰く、小人の過ちや、必ず文る。

【新】子夏说，各位万一犯下过失，切莫为自己找借口辩解。

480

子夏曰。君子有三变。望之俨然。即之也温。听其言也厉。

【训】子夏曰く、君子に三変あり。これを望めば儼然、これに即けば温、其の言を聴けば厲し。

【新】子夏说，让我来告诉各位君子应有的三种姿态：远望感觉难以接近，实际接触却发现待人亲善，听其说话时又严肃得让人无地自容。

481

子夏曰。君子信而
后劳其民。未信则以为
厉己也。信而后谏。未
信则以为谤己也。

【训】子夏曰く、君子
は信ありて後、其の
民を労す。未だ信ぜら
れざれば、則ち以て己
を厉ましむと為すなり。
信ありて後に諫む。未
だ信ぜられざれば、以
て己れを谤ると為す
なり。

【新】子夏说，诸位出去做官时，应在赢得充分的信任后，才役使百姓。如果还未取得信任就役使他们，百姓就会认为蒙受了飞来之灾。对国君亦然，也应先取得足够的信任才进谏，如果尚未取得信任就去进谏，国君就会认为谏言只是诽谤。

482

子夏曰。大德不逾
闲。小德出入可也。

【训】子夏曰く、大
德、闲を踰えざれば、小
德は出入すとも可なり。

【新】子夏说，修养方面，没有在大节上越过界限的话，就不必过于拘泥小节。

483

子游曰。子夏之门人小子。当洒扫应对进退。则可矣。抑末也。本之则无。如之何。子夏闻之曰。噫。言游过矣。君子之道。孰先传焉。孰后倦焉。譬诸草木。区以别矣。君子之道。焉可诬也。有始有卒者。其惟圣人乎。

【训】子游曰く、子夏の門人小子は、洒掃、応対、進退に当りては可なり。抑も末なり。之を本つくるものは則ち無し。之を如何。子夏これを聞きて曰く、噫、言游過てり。君子の道は孰れをか先にして伝え、孰れをか後にして倦らん。これを草木に譬うれば、区して以て別たんや。君子の道は焉んぞ誣うべけんや。始めめあり、卒りある者は、それ惟だ聖人か。

【新】子游说，子夏的门人，不论哪一个，在打扫清洁、口头交流、举止动作这些方面都做得相当不错，但这些都是细枝末节，他们并未学到最本质的东西，这是怎么回事呢？子夏听说后说道，唉，子游说错了。君子所需的修养，有哪些需要最先学习、哪些只需随便处之的吗？这不就跟把草木的根和叶区别开来，争论哪部分重要一样吗？如果带着误解传授提高修养的方法，会造成可怕的后果。能做到自始至终根据原则传授知识的，也只有千年一遇的圣人了。

484

子夏曰。仕而优则学。学而优则仕。

【训】子夏曰く、仕えて優なれば学び、学びて優なれば仕う。

【新】子夏说，做官有余力了就开始做学问，做学问有余力了就步入仕途。

在孔子时代的封建制度下，贵族子弟不必治学就可以世袭官位，但普通士族、庶民就必须找门路获得就业机会，而学问就曾是当时的有力武器。

485

子游曰。丧致乎哀而止。

【训】子游曰く、喪には哀を致して止む。

【新】子游说，居丧只要极尽悲痛就好。

<u>486</u>

子游曰。吾友张也。为难能也。然而未仁。

【训】子游曰く、吾が友の張や、能くし難きを為す。然れども未だ仁ならず。

【新】子游说，我的同门子张，可以做到别人做不到的事，但要说是拥有最高尚人格的人即仁者的话，他还有不足之处。

<u>487</u>

曾子曰。堂堂乎张也。难与并为仁矣。

【训】曾子曰く、堂堂たるかな、張や。与に並んで仁を為し難し。

【新】曾子说，子张啊风度翩翩、仪表堂堂，但我不会想与他共同努力提高修养。

488

曽子曰。吾聞諸夫子。人未有自致者也。必也親喪乎。

【訓】曾子曰く、吾れはこれを夫子に聞く。人未だ自ら致す者あらざるなり。必ずや親の喪か、と。

【新】曾子说，我在老师那里听说过，人很难用尽全身气力。如果能做到的话，就是在自己父母的葬礼上吧。

489

曽子曰。吾聞諸夫子。孟荘子之孝也。其他可能也。其不改父之臣。与父之政。是難能也。

【訓】曾子曰く、吾れはこれを夫子に聞けり。孟荘子の孝や、其の他は能くすべきなり。其の父の臣と父の政とを改めざるは、是れ能くし難きなり、と。

【新】曾子说，我在老师那里听说过，孟庄子的孝行很有名，但其大部分行为是可以仿效的，而他不改换父亲的旧臣亲信和不改变政治方针这点，却是别人难以仿效的。

490

孟氏使阳肤为士师。问于曾子。曾子曰。上失其道。民散久矣。如得其情。则哀矜而勿喜。

【训】孟氏、陽膚をして士師たらしむ。曾子に問う。曾子曰く、上、其の道を失い、民散ずること久し。如し其の情を得んとせば、哀矜して喜むことある勿れ。

【新】孟氏让曾子的弟子阳肤出任领地内的法官，阳肤向曾子请教。曾子说，孟氏已经脱离为政之道，民心离散很久了。若想挽回人心，就要做到满怀悲悯，不可偏颇。

491

子贡曰。纣之不善。不如是之甚也。是以君子恶居下流。天下之恶皆归焉。

【训】子貢曰く、紂の不善は、是の如くこれ甚しきにあらざりしなり。是を以て君子は下流に居ることを恶む。天下の悪、皆なこれに帰すればなり。

【新】子贡说，纣的暴政，实际上不像世间传说的那么厉害。所以大家都最好避开是非之地，说不定天下的恶名都会聚集在那里。

<u>492</u>

子貢曰。君子之
過也。如日月之食焉。
過也人皆見之。更也
人皆仰之。

【训】子貢曰く、
君子の過ちや、日月
の食の如し。過てば
人皆なこれを見る。
更むれば人皆なこれ
を仰ぐ。

【新】子贡说，各位犯下过失时，应当作日食、月食一般看待。犯下过失时会被万人注意，而改正它时也会为万人所注意、尊敬。

<u>493</u>

衛公孫朝。問于子貢
曰。仲尼焉学。子貢曰。文
武之道。未墜于地。在人。
賢者識其大者。不賢者識其
小者。莫不有文武之道焉。
夫子焉不学。而亦何常師之
有。

【训】衛の公孫朝、子貢
に問うて曰く、仲尼は焉にか
学べる。子貢曰く、文武の
道、未だ地に墜ちず、人に在
り。賢者は其の大なる者を識
り、不賢者は其の小なる者を
識る。文武の道あらざること
なし。夫子焉くにか学ばざる
あらん。而して亦た何の常師
かこれ有らん。

【新】卫国的公孙朝问子贡，仲尼的学问是从哪里来的呢？子贡说，周文王、武王之道，并没有完全消失，还流传在人们中间。贤能的人可以从中发掘重要的东西，不贤的人只能看到它的末节，虽有此区别，但两者莫不保留文武之道。先生无处不学，所以也不必非要有固定的老师。

494

叔孙武叔。语大夫于朝曰。子贡贤于仲尼。

子服景伯以告子贡。子贡曰。譬之宫墙。赐之墙

也及肩。窥见室家之好。夫子之墙数仞。不得其

门而入。不见宗庙之美。百官之富。得其门者或

寡矣。夫子之云。不亦宜乎。

【训】叔孫武叔、大夫に朝に語りて曰く、子
貢は仲尼よりも賢なり、と。子服景伯以て子貢に
告ぐ。子貢曰く、これを宮牆に譬うれば、賜の牆
や肩に及ぶ。室家の好きを窺い見る。夫子の牆は
数仞なり。其の門を得て入るにあらざれば、宗廟
の美、百官の富を見ず。其の門を得る者、或いは
寡なしと、夫子の云える、亦た宜ならずや。

【新】鲁国的叔孙武叔在朝廷上对同僚大夫们说，子贡比仲尼更
具贤能。子服景伯把这番话告诉了子贡。子贡说，哪里的话，拿宅邸
的围墙来做比喻的话，我家的围墙不过齐肩高，任谁都能从墙外窥见
房屋内部深处；老师家的围墙却高至数米，如果不从门进去，就看
不到内部的建筑、祭奉祖先宗庙的壮美和财富的大量积储。老师曾说
过，只有很少部分人能够找到门进去，诚然如老师所说。

文中，特别是子贡的话中重复了两次"夫子"一词，以
前认为第一个"夫子"为孔子，第二个"夫子"为叔孙武叔，
但这种解释是否有些欠妥呢？且最后子贡说"不亦宜乎"表
达了赞成的意思，如是对叔孙武叔说，在情理上便愈发讲不

通了。所以，我将"得其门者或寡矣"一句视作孔子的话，子贡认为十分在理，便在后文感叹附和。再进一步考虑，子贡之所以拿宫墙云云作比，是否也受了孔子言论的启发呢？当然，《论语》中找不到上文孔子言论的原话，但说到为做学问打比方，如第267段所示，已有"升堂""入室"等比喻在先，所以也有足够的理由将"得其门"作为比喻考虑在内了。

<u>495</u>

叔孙武叔。毁仲尼。子贡曰。无以为也。仲尼不可毁也。他人之贤者。丘陵也。犹可逾也。仲尼日月也。无得而逾焉。人虽欲自绝。其何伤于日月乎。多见其不知量也。

【训】叔孫武叔、仲尼を毀る。子貢曰く、以て為すなきなり。仲尼は毀るべからざるなり。他人の賢者は丘陵なり。猶お踰ゆべきなり。仲尼は日月なり。得て踰ゆるなし。人自ら絶たんと欲すと雖も、其れ何ぞ日月において傷らんや。多に其の量を知らざるを見すのみなり。

【新】鲁国的叔孙武叔诽谤仲尼。子贡说，这样做是没有用的，孔子是诽谤不了的。世间称之为贤人的人，他们的贤德就好比丘陵，可以逾越过去。但孔子才德之高好比日月，旁人是无法达到的。旁人便想，既然如此那就采取无视的做法；可被无视的日月却很平静，不为所动，反倒是想要无视它们的人暴露了他的不自量力罢了。

496

陈子禽谓子贡曰。子为恭也。仲尼岂贤于子乎。子贡曰。君子一言以为知。一言以为不知。言不可不慎也。夫子之不可及也。犹天之不可阶而升也。夫子之得邦家者。所谓立之斯立。道之斯行。绥之斯来。动之斯和。其生也荣。其死也哀。如之何。其可及也。

【训】陳子禽、子貢に謂いて曰く、子は恭を為すなり。仲尼は豈に子よりも賢ならんや。子貢曰く、君子は一言、以て知と為し、一言、以て不知と為す。言は慎まざるべからざるなり。夫子の及ぶべからざるや、猶お天の階して升るべからざるがごときなり。夫子にして邦家を得たらんには、所謂る、これを立つれば斯に立ち、これを道けば斯に行き、これを綏んずれば斯に来り、これを動かせば斯に和らぐ。其の生くるや栄あり、其の死するや哀しまる。これを如何ぞ其れ及ぶ可けんや。

【新】陈子禽对子贡说，你过于谦恭了，即便孔子也不可能比你更贤良。子贡说，一句话就可以体现一个人是才智之人还是愚笨之人，所以请您说话一定要慎重。老师的高不可及，就好比不能顺着梯子爬上青天一样。老师如果达到自由地引领一国政治的地位，那就一定会像从前说的那样：教百姓立于礼，百姓就立于礼；引导百姓，百姓就会跟随；召集百姓，百姓就会前来投奔；动员百姓，百姓就会马上响应。正如人们所说的那样，"其生也荣，其死也哀"，是无论如何都不可能超越的（参见《全集》第四卷第128、137、153页）。

尧曰第二十

(497～499)

<u>497</u>

尧曰。咨尔舜。天之历数在尔躬。允执其中。四海困穷。天禄永终。舜亦以命禹。曰。予小子履。敢用玄牡。敢昭告于皇皇后帝。有罪不敢赦。帝臣不蔽。简在帝心。朕躬有罪。无以万方。万方有罪。罪在朕躬。周有大赉。善人是富。虽有周亲。不如仁人。百姓有过。在予一人。谨权量。审法度。修废官。四方之政行焉。兴灭国。继绝世。举逸民。天下之民归心焉。所重民。食。丧。祭。宽则得众。信则民任焉。敏则有功。[公]惠则说。

【训】 尧は曰く、咨、爾舜。天の暦数、爾の躬にあり。允に其の中を執れ。四海困窮せば、天禄永く終らん、と。舜も亦た以て禹に命ず。（湯は）曰く、予小子履、敢て玄牡を用いて、敢て昭らかに、皇皇たる后帝に告ぐ。罪ある（は敢て赦さず。帝臣蔽わず。簡ぶこと帝の心にあり。朕が躬に罪あらば、万方を以てするなかれ。万方に罪あらば、罪は朕が躬にあり、と。周に大いなる賚あり。善人は是れ富めり。周親ありと雖も、仁人に如かず。百姓過ちあらば、予一人にあり。権量を謹み、法度を審かにし、廃れたる官を修め、四方の政行わる。滅びたる国を興し、絶えたる世を継ぎ、逸民を挙げ、天下の民、心を帰せり。民に重んずる所は食、喪、祭なり。寛なれば衆を得、信あれば民任ず。敏なれば功あり、惠あれば説ぶ。

【新】尧对舜说，亲爱的舜啊，上天的命运之矢已选中了你，你要紧紧把握宇宙原则，如若天下百姓陷入困苦贫穷，那上天赐给你的幸福也就会永远终止，无法复得了。舜也这样诫禹。（殷商汤王）说，我，小子履谨用黑色公牛来祭祀上天，斗胆向伟大的天帝祷告：罪人，

夏桀已不可饶恕。身为天帝奴隶的我不敢有所隐瞒遮蔽，一切都由天帝圣心独裁。若我本人有罪，与天下庶民无关，天下庶民若有罪，都归我一人之责任。周代繁荣，正因善人众多。（周武王）说，比起亲近的宗族，我更信赖仁德之人。百姓有过错，责任都在我一人身上。严密制定度量衡的制度，明确地制定法度，再兴为百姓谋福祉之官吏，为天下百姓提高政绩。复兴覆灭的国家，为断绝礼祀的家族选出后继者，搜寻并提拔被埋没的贤者，天下百姓心中便会充满希望了。其政治原理是，不干涉食物、丧礼、追悼这些对百姓重要的事。施政要知宽厚就能获大众拥护，诚信就能受百姓依靠，不辞劳苦就能取得效率，施行恩惠就不会招来不满（参见《全集》第四卷第 102 页）。

498

子张问于孔子曰。何如斯可以从政矣。子曰。
尊五美。屏四恶。斯可以从政矣。子张曰。何谓五
美。子曰。君子惠而不费。劳而不怨。欲而不贪。
泰而不骄。威而不猛。子张曰。何谓惠而不费。子
曰。因民之所利而利之。斯不亦惠而不费乎。择可
劳而劳之。又谁怨。欲仁而得仁。又焉贪。君子无
众寡。无小大。无敢慢。斯不亦泰而不骄乎。君子
正其衣冠。尊其瞻视。俨然人望而畏之。斯不亦威
而不猛乎。子张曰。何谓四恶。子曰。不教而杀。
谓之虐。不戒视成。谓之暴。慢令致期。谓之贼。
犹之与人也。出纳之吝。谓之有司。

【训】子張、孔子に問うて曰く、何如なれば
斯に以て政に従うべきか。子曰く、五美を尊び、
四悪を屏くれば、斯に以て政に従うべし。子張曰
く、何をか五美と謂う。子曰く、君子は恵んで費
さず。労して怨まれず。欲して貪らず。泰にして

驕らず。威あって猛からず。子張曰く、何をか恵んで費さずと謂う。子曰く、民の利とする所に因ってこれを利す。斯れ亦た恵んで費さざるにあらずや。労すべきを択んでこれを労す。又た誰をか怨まん。仁を欲して仁を得。又た焉んぞ貪らん。君子は衆寡となく、小大となく、敢て慢るなし。斯れ亦た泰にして驕らざるにあらずや。君子は其の衣冠を正しくし、其の瞻視を尊くす。儼然として人望んでこれを畏る。斯れ亦た威あって猛からざるにあらずや。子張曰く、何をか四悪と謂う。子曰く、教えずして殺す、これを虐と謂う。戒めずして成るを視る、これを暴と謂う。令を慢りにして期を致す、これを賊と謂う。猶しく人に与うるなり。出納の吝かなる、これを有司と謂う。

【新】子张问孔子，怎样才可以很好地理政呢？孔子说，心中常念五种善政，摒弃四种恶政，就可以很好地理政了。子张问，五种善政是什么？孔子说，为政者给百姓以恩惠却不浪费；使百姓劳作而不使他们怨恨；满足欲求却不过分贪图；自信而又谦逊；威严而不恐怖。子张说，您说的这些当作何解？孔子说，在百姓们认为有价值的事上投入预算，这样给予恩惠就不会浪费；选择有劳动价值的工程来役使百姓，这样谁都不会怨恨；想着施行仁政便可得到仁政之名，不再贪图更多；为政者无论百姓是寡是众、土地多少，都没有轻视他们，可以说这正是因为自信而又谦逊；为政者应衣冠整齐，面色端正，使人远观威严庄重，观之便生敬畏之心，可以说这便是威严而不恐怖。子张追问，四种恶政是什么？孔子说，不经教化，一旦作恶便处以死刑，这叫作虐政；放任不管，还一再要求成绩，这叫作暴政；命令下达迟缓，而催促限期完成，这叫作暗算；明明给付的是公家财物，却一副分发私有财产的表情，尽可能地讨价还价，这就叫作官僚主义（参见《全集》第四卷第104页）。

<u>499</u>

子曰。不知命。无以为君
子也。不知礼。无以立也。不
知言。无以知人也。

【训】子曰く、命を知らざ
れば、以て君子と為すなきな
り。礼を知らざれば、以て立つ
なきなり。言を知らざれば、以
て人を知るなきなり。

【新】孔子说，不知天命，便不能说是做学问的君子；不学礼，便无法立身处世；不懂得如何表达、如何倾听，便不能分辨、了解他人（参见《全集》第四卷第101页）。

作者相关论文一览

1.《孔子在东洋史上的地位》(《东洋史研究》第四卷第二号，1938 年。之后收录于《亚洲史研究》第一，1957 年)(收录于《全集》第三卷)

2.《孔子在东亚史上的地位》(苏民生译:《北京近代科学图书馆馆刊》六，1939 年)(以上论文的汉语翻译版)

3.《津田左右吉著〈论语与孔子的思想〉批评》(《东洋史研究》第十卷第一号，1947 年)(收录于《全集》第二十四卷)

4.《宋学的论理》(《东光》第三号，1948 年。之后收录于《亚洲史研究》第三，1963 年)(收录于全集第十卷)

5.《四书考证学》(《石滨先生花甲纪念论文集》，1952 年。之后收录于《亚洲史研究》第四，1964 年)(收录于《全

集》第十七卷）

6.《儒学的革新》（角川版《图说世界文化史大系》十七《中国Ⅲ》，1959年。之后收录于《亚洲史研究》第五，1978年）（收录于《全集》第十二卷）

7.《中国古代的天、命、天命思想》（《史林》第四十六卷第一号，1963年。之后收录于《亚洲史论考》中，1976年）（收录于《全集》第三卷）

8.《论语与孔子的立场》（《西南亚研究》十四，1965年）（收录于《全集》第二十四卷）

9.《学而时习之》（《季刊东亚》一〇三，1968年。之后收录于《学习中国》，1971年）（收录于《全集》第二十四卷）

10.《关于论语的解释》（《古代学》第十六卷第二至四合并号，1969年）（收录于《全集》第二十四卷）

11.《论语的新读法》（《图书》二三九至二四一，1969年）（收录于《全集》第二十四卷）

12.《中国思想的特质》（《岩波讲座　世界历史》附册十三，1970年）（收录于《全集》第十七卷）

13.《吴虞〈家族制度为专制主义之根据论〉译解》（《中国文明选》11《政治论集》，1971年）（收录于《全集》别卷《政治论集》）

14.《论衡正说篇说论语章稽疑》（《东方学会创立二十五周年纪念东方学论集》，1972年。之后收录于《亚洲史研究》第五，1978年）（收录于《全集》第三卷）

15.《读论语的人们》（《思想》1974年6月）（收录于《全集》第二十二卷）

附　二

《宫崎市定全集》第四卷自跋 *

　　我第一次将《论语》作为教科书学习，是在大正七年（1918）的时候。当时我是旧制下的初中五年级学生，但这一年因实行新制而取消了五年制，当年就改为四年毕业即可升入高中。改革后的四年制和五年制是同样的待遇，所以那就是个愚弄人的制度改革。什么补偿都没有就取消了初中的第五年，这是个颇为不公的政府行为。但当时也没有抗议的习惯，初中一个年级的学生也不过是少数人，就算把大家都聚集起来也不会有多大的势力。承担宣布改制这个吃亏任务的饭山中学一方，便让我们接受已损失一年的事实，并承诺作

为补偿，将任何事物都难以替代的珍宝《论语》当作教科书赠予我们。

我早就听说，这本老掉牙的《论语》中，有些箴言时时生根发芽，还真的成了振兴破产家业、让怠惰之人焕然新生的原动力。而于我而言，不管怎么说，最初接触《论语》的研究，就是在旧制初中的课堂上。尽管编个故事可能比较好——说这是逃脱不了的命运，自己是在冥冥之中走上了《论语》研究之路——但实际上，在我身上压根儿就没有发生过这样的事。我只记得旧制初中时，学习《论语》完全是左耳朵进右耳朵出。

升入高中后，我与《论语》再次邂逅。高二时，班主任安藤圆秀教授建议我们试着从头完整地读一遍《论语》，并把《四书集注》中《论语》的部分作为教材分发给我们。

因为春假之前就得知将用《论语》作教材，我便在春假期间把自家仓库中父亲的图书翻了个遍，从中发现了根本通明所著的《论语讲义》(早稻田大学出版社，1906 年)。

根本通明（1822—1906）是幕末明治时期的汉学家。安政五年（1858）担任秋田藩藩校①明德馆教授，又任校长，执掌一藩的文教工作。起初钻研程朱学说，之后开始研究旧学说训诂，最后发展为清朝考证学派。明治六年（1873）前往东京，明治二十八年（1895）成为文科大学（东京大学文学部）汉学科讲师，次年升任教授。至去世前一年以 84 岁高龄退休为止，他共执教十载。此外，根本通明也喜好武道，

---

① 藩校，日本江户时代各藩为教育藩士子弟而设立的学校。又称藩学、学校。——译者注

还是宝藏院流枪术的高手。

扫一眼《论语讲义》就会发现，正如书名，其内容是授课笔记，内容撰写得非常简单易懂。认真阅读后，我明白了《论语》并不只是简单的出版物，而是一部包罗了各式问题的书。了解到这一点后，我也一头扎了进去，想着能读懂多少就读懂多少。

《论语讲义》的第 41 页，就提及了文本批评中"文本脱误"这个可谓致命的问题。接近"学而篇"末尾处，一般都记为"贫而乐"，而这本书却写成了"贫而乐道"。

根据根本博士的解释，他持有王仁以来最古老、最可信的《论语》手抄本，因而想由此从头订正现行宋元以来官刻本的谬误，编纂出一本可信的古《论语》。然而，这本古抄本博士一直秘藏，谁都没有见过，虽然不好推测，但恐怕这是唐代前后古抄的一部分。另外，博士指出的地方也确实与唐代手抄本一致。

两相对比，就文章本身而言，根本本断然是更胜一筹的。文中明确指出，这一句应该是"即使贫穷，也时刻遵循为人之道，绝不偏离"的意思。相形之下，集注本只有"贫而乐"，不加大把注释就不能表达完整意思了。读至此处，我心已定：就是它啦！集注本中其他被根本本指出的错谬之处，也几乎处处直击要害。而且，我还认为，根本博士不单单是一名讲释师 ①，书中时时出现的酷毙傲语实在是很好。

在安藤教授的《论语》课上，讲到"贫而乐"之处时，

---

① 讲解说明书的内容或文章的人。——译者注

坐在第一排的我发言说："这本书是错的。"当时松本高中草草落成，图书室书籍短缺，连一本根本本《论语》都没有。教授却特意求购到这本书，公平地做了处理。只是，在"宗教"统治之下，这种处理很难发挥其公平公正的效力——"宗教"不容许他人的异己恶言，即便明知使用的教科书存在谬误，也不会去订正。他们认为这只是偶然存在的两个原文版本，不会对它们孰是孰非做出判断。我恐怕也是采取了这种套路战术，对"两个都对"的结论心平气和的吧。关于这部分的记忆比较模糊了，只记得当时因为读过老师没读过的书，我小有了些名气。

到了当今的这个时代，学生们都变得聪明起来，将来用得上的外语、法律之类就认真学习，对国语（日语）、汉文等老朽的东西就当成了敬而远之的大神。但对于在乡间长大的我来说，对学校规定的科目一直一视同仁，每科都公平地分配时间学习。正因如此，我汉文方面的实力似乎也一定程度上提高了些。高一的时候，我得到一本口语版《三国志演义》石印本。傍晚，我一边当班烧洗澡水，一边翻书捧读。这随便一翻，竟发现自己好像还读得懂。不管怎么说，汉字是中日同源的，字意也大多共通。认真读了读，又意外地发现可以读懂大意。因为已经知道故事的大意，顺着情节读下去，也慢慢懂了汉文的表达方法。我越加认真地读起来，终于读完，或者说随着情节串完了这本书。这种阅读体验不断吸引着我，最终让我成了一名专业的中国史学家。说起我的志向，本来不是政治家就是政治记者，总之是些可窥社会光鲜一面的职业。这也许是因为我家境清贫，所以反而向往着纷杂繁

荣的社会吧。

我对《论语》开始感兴趣的时候，津田左右吉博士发表了他那本著名的《论语》研究著述《论语与孔子的思想》。此书因题目中助词有各种变动而有多个标题版本，但这并不是本质问题。本质问题是作者对《论语》持有怎样的态度。关于这一点，我对该书相当悲观，于是还将自己的不满投到了杂志上。这在我是很少有的事。

日本有这样一个毛病：如果有人在京都赞扬内藤湖南先生，东京方面就会近乎老套地搬出津田先生来与之对抗。然而，这两位学风迥异，其实没有可以用来比较的地方。如果说有的话，也不过是两位在其他方面的人气这一点罢了。

就在最近，旧书目录里列入了名人们的全集，尽管这种阅读并非出于比较的目的，但还是在这个过程中生出了各式感慨。全集一旦成了旧书，就自然会被定出旧书的价格，但也会附有各式各样的条件，因而不能一概而论。因为，要在考虑到比如出版年月、印数、册数、出版社等各个交错条件的基础上，方能制定价格。尽管如此，也不意味着完全不考虑人气因素，因为实在没有像读书界这般被人气左右的地方了。就这样，最终可以说，旧书价格虽不能正确地体现该书的人气，但也是个不可忽视的因素，至少它足以成为茶会时的谈资。将众多旧书目录里书的价格综合一下才知道，津田全集共三十三册，要六万五千甚至八万日元，而内藤全集共十四册，则达到了十五万甚至二十万日元。

我的《论语的新研究》中提出了一个新课题，即究竟是谁首创了《论语》的读法——也就是对正文的理解方式，是

经谁之手确立了现在《论语》的形式。当然，从儒家方面得到的解释是，这是很久之前就定下来的，是经孔子之手，不可能是其他人。而因孔子并没有留下确凿的带有署名的著书，所以问题就在于，对这位代表着儒家普遍原理的人，究竟该追究到哪一步的责任。

在《论语》开头有一句"贤贤易色"，无疑出自《诗经》等古典，因而应训读为"賢賢たるかな、蜴の色や"，而在《论语》中，这句话最开始一定也是这么解读的，这种解读才最合下文文意。然而，一些老家伙竟将这句话拆分开来，提出了"賢を賢として色に易う"这样的新解释，反而割断了和下文的联系。不仅如此，其文辞修饰也极其拙劣，也许只能起到这样的作用——能多宣扬一点儒家教义就多宣扬一点。在计算利弊之后，我还是认为，这样会造成巨大的不良影响。我不认为这些小把戏是孔子想出来的，反倒觉得这些恐怕都是之后打着孔子旗号的小儒老狡所为；我也无法想象真正的信奉者会达到怎样的数量，对其手法是否拙劣也缺乏判断。只是因为"贤贤易色"这个例子未免太过拙劣，反而会自然而然地诱发正当的疑问，但这种侥幸并不长存。

我对《论语》的态度是，首先要探索出其最原始的形式和解释。不论怎样解读《论语》，其最原始的形式应该只有一个。以此为出发点，顺着之后《论语》解读的变化研究下去，虽然极为模糊，但也可以朦胧显现出包括孔子在内的、所谓儒家的团体作业。

我对津田《论语》的批评刊登在1947年《东洋史研究》第十卷第一期上，题为《津田左右吉著〈论语与孔子的思想〉

批评》(收录于《全集》第二十四卷)。文章虽然登载在一本随处可见的杂志上却无人问津,或者也许有人读过,但我从未听到过它成为话题。而另一方面,津田《论语》本身顺应了时代潮流,其超越史学、哲学的范畴,成了各方文坛评论的焦点,以至于当时无一论坛不提津田。即便那时尚重视相互切磋,对对方的评论也不疏忽懈怠,但我的小论还是无人看在眼里。虽然"你这等黄口孺子并不懂津田的深奥哲学"这种态度也不无理由吧,但二者自始就性质不同,犹如水和油,议论脉络上其实并无交集。

所谓理论家们对津田史学的批判究竟是为了什么,在我们看来有很多难以理解的地方。他们虽然把津田史学作为论争的题目,真正的目的却不在于此。玩儿命的,反倒是评论家自己。结果就是,虽然美其名曰津田史学批判,可除了展示评论者自身的学识以外,没有任何其他意义。也许,评论这种事情,本来就是这么一回事吧。

对津田史学评论的最后一击,是一则津田博士已向文部省妥协的新闻。将其称之为津田博士的背叛,未免可笑至极。应该是没有任何人对津田史学批判进行过任何干涉,但即便如此,几经周折之后的文化勋章也是可喜可贺。这只是一个绝好的例子,可以看出日本的评论家是如何以无益的空论哗众取宠的。然而,我们作为真正的史学家,则有必要了解津田史学的价值,否则便无法成为之后讨论《论语》问题的立脚点。而且,津田史学中,进入下一个研究阶段时想利用却又有些危险的,或是不可行的因素很多。

作为第三方最公正的知识分子,津田博士坚持着他的非

战主义，即便在理论界几乎完全孤立，也未屈服于政府或右翼的压力，坚守着自我信念，是一位难得的刚毅之士。虽然博士并不是共产主义者，但如果能够将他吸纳进来，对强化阵营所起的作用将不可估量。随着博士《论语与孔子的思想》的出版，这种动向愈发明显了。

但是，为什么只把《论语与孔子的思想》奉为津田博士的代表作，这点不得而知。津田博士的专业本来是国文学，虽说受白鸟博士影响才与中国学有了一些联系，但我不认为他在这方面的成就超出了他本来的国文学专业。实际上，读《论语与孔子的思想》，很难发现令人眼前一亮的地方。这本书几乎没有任何新东西。这也难怪，因为博士的研究中完全没有分析，他的《论语》解读，与此前的集注本如出一辙。

这段时间里，在京都方面，内藤湖南博士对《论语》开始了新的研究。博士在"古典研究应从文本批判入手"的主张下，将《论语》也纳入进来。对文本批判而言，分析必不可少，只有以分析为本，文本批判才不会受到有效的怀疑。内藤博士的《论语》分析是从篇目考证开始的："论语二十篇"，只要不是孔子亲笔撰写的，那么其成书或编纂过程就应当有先有后。哪一篇是最早完成后，采用了与当今《论语》相似的形式，成为弟子们传承下来、传给后世的原本？孔门的弟子当中最有权威的是谁？甚至可以想象，大概也出现了与此相对立的原本，并互相形成了优劣之争。那么又是何时达成了协议，形成了当今《论语》呢？如果这些疑问得到解答，原始儒学的发展、兴盛就有迹可循，儒学史的本源也能得以确定。这些想法的确值得肯定，我们也对此抱有很高的

期待，但事与愿违，就连内藤博士的卓见，也像《尚书》的研究一样，没能直接得出令人满意的答案。

受内藤博士研究的刺激、对《论语》研究甚感兴趣的，正是自称内藤博士嫡传弟子第一人的武内义雄教授。武内教授的努力开花结果，诞生了名著《论语之研究》。但我也曾指出过，该著作有部分过度解读的倾向（参见《论衡正说篇说论语章稽疑》[收录于《全集》第三卷]）。

如前所述，我对《论语》持有关心是在高中时代，虽然对内藤、武内两位博士的研究深感兴趣，但我并没有继承同样方法研究下去的想法。不知为什么，在我头脑里根深蒂固的还是根本博士的《论语讲义》。仔细想来，根本博士的学说与正统清代考证学的做法比较接近，即在研究古典时，首先要从彻底查明原文意思开始。每每阅读《论语》时，我就会在心里对现代的朱子学者、古代的注释家产生怀疑——他们有多大程度是在凭良心地、从学问角度进行注解的呢？同时，也会不断出现寻求其他解释方法的"造反"念头。这些反而日益加深了我对《论语》的关注。而后，我将平时注意到的地方按所谓《日知录》的方式记录下来，竟也积攒到了相当的分量。临近退休时，我产生了把它们用在讲义中的想法，并最终付诸实现。后来我的公开告别课也斗胆选用了这个题目。

当时的在职教授有吉川幸次郎博士，他自认是忠实的儒家继承者，不可能与我这样的"异端"为伍。我也听说他对极亲近的人流露过不满，但我终究也没有对此加以反驳，或非要讨论一番不可，我采取了佯装不知、强行通过的态度，

直到今天。

　　自《论语的新研究》问世以来，我意想不到的收获了支持和鼓励，深感读者们善意笃厚，心中万分感激。然而，《论语》的研究不会就此止步。《论语》仍将作为儒学的教科书，与儒学并行，受到人们的关注。我们应该将《论语》的读法，按照当时儒学的存在方式来理解。我决不会忘记这一事实，只是无奈出于对年龄和健康的担忧 ①，对这个新课题已难有再向前冲锋的勇气，甚是遗憾。

宫崎市定

1993 年 6 月

---

① 作者撰跋时已九十三岁高龄。——译者注

后　记

　　每次阅读经书时我都会感到，经书与注释并不一定完全一致，姑且可将其看作可以分开的东西。所以，经是经，传是传，注是注，疏是疏，它们各自都是独立的书。注释者对原文持从属态度，同时，在根本上又保留了作为注释者的权利，即其固有的立场。

　　这一点在历史事实方面也是一样。中国的忠臣，不是日本所说的那种以灭私奉公为理想的忠臣，中国的忠臣很好地保持着自己的个性，在保持个性的立场上尽忠。在灭私方面，他们会选择顺应大势，明哲保身，不会做那些让自己暴露在危险之中的事。所以，就比如郑玄，他绝不是孔子眼中无条件的"忠臣"，他拥有强烈的自我主张。如果在一定程度上已经对经典做出了一些贡献，那么接下来，就要利用这同一个

舞台，强调其应拥有显示自身学识的权利了。而聊以自夸的原因，似乎就是自己在《论语》原文之外又加入了那么多其他的东西。既然要突出"郑玄注"这样的个人姓名，那就势必如此。所以，比如当经典的原文出现误字时，注释者甚至反而会乐在其中。出现错误时，本应是解释不通的，他们却要化不可能为可能，努力让世人认可自己的力量。朱子在为四书做注时也是一样，在不与经典原文矛盾的范围内，即便向其中掺杂朱子理学的学说也丝毫不会感到愧疚。这样的操作重复多次，经典的内容就在不知不觉中渐渐变质了。于是，《论语》的原文、郑玄等训诂学者的注解、朱子的理气说三者互相融合，浑然一体。我的研究，就是致力于分选这个合成物中各自独立的物质，厘清哪部分为原形，哪部分又是后添的附加物。这本来是清代考证学者的目标，但他们中途追溯到汉代时就停下了脚步。实际在汉代之前，那个训诂学家仍未涉足的时代，对原始儒家时期的经书是如何理解阅读的，对我来说才是最重要的问题。

我并不想成为《论语》的注释者，所以我既不是孔子的"忠臣"，也没有将个人见解混入其中传世的想法。我一直尝试从历史的角度观察《论语》。本该简明易懂的《论语》，却以不易理解的形态传世至今，其原因就是《论语》古老悠久的本质已经与并不古老的外皮化作了一体。自古以来，有多少研究者，为这部越来越难解的原典，被迫付出了无用的劳动啊！这部已被世间阅读数千年的经典，不论时代如何变化，也不会失去读者。笔者的夙愿便是，不想再让将来的研究者如此枉费精力。

　　但是，难懂的文章多少也有有用的一面，那就是用来锻炼头脑。针对某处原文，迄今为止的注释者们，特别是以训诂学者为首的注释者，通常都是在探讨了所有的可能性后，再选出其中最有兴趣的解释，而那些简单、好懂的解释却因过于平白而遭舍弃。后来的研究者再七拐八拐地解释一下，想汲取其中真意的人便只能慨叹"这解释怎一个难字了得"，并最终被迫做了头脑体操。这都是不争的事实。

　　然而，现如今，时代变了，读解经书已不再是治学最大的目的，可做之事除此之外多的是，早已不是为锻炼头脑而去阅读经典的时代了。当今的时代要求我们，在注意不让那些不自然的经典解读破坏自然的大脑运转、伤害大脑的思考方式的同时，在有限的时间内尽可能多地阅读。应该说，身为当今研究者，我们被赋予的义务便是让古典尽可能简明易读并传于后世。

　　在读解经典时，历来的研究都倾向于认为原文是没有错误的，不可随意加工订正。这似乎已成了私下的共识。现在去除这些条条框框，就好比撤去相扑场地的围草，可能会有人非难说，这样一来，不就怎么解释原文都行了吗？对此，我可以这样回答。实际上，着手读解经典时就会发现，并不能那样简单地信口开河。希望大家回忆一下哥伦布与鸡蛋的故事。我决不是在提倡胡来的研究方法，只是注意到不应该约束研究应有的自由。回想起来我初读《论语》是在旧制初中读五年级的时候，现在已经过去了五十多年，最近我才渐渐攒足了自信，可以公开主张，经典研究应当破除所有条条框框。这一点，算是我可以小小地得意一下的成就吧。

即便只是针对《论语》研究而言，此后还有如何将现行版本分解为古论、鲁论、齐论三部分，孔子之后他人附加的部分可以追究到哪个时代等重要的问题需要解决。进一步讲，对其他经典，也有本来的解读方法是什么、原文的本质是什么、儒学化是怎样进行的等诸多值得考究的问题。希望我的《论语》研究法对下一代研究者——并不限于是日本人——能多少有些助益。之所以这么说，是因为我实在觉得，对经典研究需打破一切束缚这个宗旨，往往是在外国学界更能意外地引起共鸣。

宫崎市定

译后记

一

第一次在日本接触到《论语》，是在 1988 年。时任日中友好协会事务局长的白西绅一郎先生在我们这个中国大学生代表团的欢迎会上，用了"有朋自远方来，不亦乐乎"作开场白。那时我读大三，一个学期的日语古文文法课还没学完，连蒙带猜算是听懂了这一句。现在想来，白西先生应该用的是《论语》的"训读"版本。

1990 年读研时去名古屋大学留学，渐渐发现日本很多人嘴里都能蹦出一两句《论语》，一问，才知道《论语》是日本中学生汉文课的必读必背内容，心下不禁一惊。后来，1997年再去东京大学读博时，很快，在图书馆、书店或旧书摊里

看到带"论语"二字的书名，就已经可以波澜不惊地信手翻来了——与《论语》有关的书实在是太多太多了，有注释的，有翻译的，有谈感悟的，有论实用的；有专家学者博大精深的阐释，也有不知道什么人文风俏皮的戏说。总之五花八门，亦可谓良莠不齐。

但是，从来没有想到过要把它们中的某一本翻译成中文。

直到三年前的一天，出版人（张）晓辉突然的一通电话，为我们搭上了这根线。他没有跟我做更多的解释，我就应下了。说实话，出于对国内科研评价体系的无奈，我已经"金盆洗手"，几乎不再"染指"翻译了，实在难以推掉的，或实在看着手痒的，才几年磨一本。所以，这一次也是有点反常。

我当时的想法是，一来，日本人用"训读法"把《论语》翻译成日语古文，有人怕现代日本人读着费劲，又把它捯成现代日语，以前，我会觉得这和中国人何干。可现在，我想知道，日本人究竟是怎么学习《论语》、理解《论语》的，那么我们再把现代日语版的《论语》翻译成中文，介绍给中国读者，这事儿有点意思。

二来，我们南开大学外国语学院日语系刚刚设立了翻译硕士学位，集中了一批有志于中日文翻译的优秀学子，何不以此作为一个实战演练的项目呢？所幸的是，这个想法，晓辉同意，领导支持，于是，就这么愉快地决定了。

接下来的工作也是愉快的。我们一共有七位同学参加了翻译，秦博韬（前言、第1—3章）、方泽平（第4—6章）、邹润（第7—9章）、卢阳（第10—12章）、焦伟（第13—15章）、程慜杰（第16—18章）、聂菲（第19章及后记），人

人努力，个个给力，课上课下，不遗余力。我负责解决疑难、统稿审校，获得了重读《论语》若干遍、揣摩翻译千万条的宝贵机会，想想真是赚到了。

二

据日本史料记载，《论语》是经百济的五经博士王仁（百济学者，《古事记》称其为和迩吉师）带入日本，献给应神天皇的。彼时，日本文学文化尚属口承阶段，文字亦尚未诞生。应神天皇请王仁做太子的老师，负责教授《论语》等中文典籍和汉字，还负责传授其他先进的工艺。可以说，《论语》等典籍的输入，成为古代日本辉煌的飞鸟文化形成过程中不可或缺的中国元素。

《论语》在皇室中产生了巨大影响，这有天皇们的对话记录为证。圣德太子精通中国经史，汉文书法颇得六朝风韵，他基于《论语》的"礼"和"仁"这两大核心思想制定的《十七条宪法》被视为日本宪法的前身。《十七条宪法》的第一条开头就是"以和为贵，无忤为宗"，明显化用了《论语》的"礼之用，和为贵"。圣德太子设立的"学问所"是国家教育机构，正堂悬挂孔子像，尊孔子为"先圣"，《论语》被定为必修科目。此后，《论语》不曾缺席日本任何朝代的重大文学文化话题。8 世纪的《万叶集》、11 世纪的《源氏物语》《枕草子》、14 世纪的《徒然草》等都征引过《论语》的语句。14 世纪，日本有了木版印刷，《论语》"正平本"即被刊印。13 世纪传入日本的朱子学到了 17 世纪幕府时期已成

官学，这也是《论语》最盛行、最红火的一段时间。随着儒学地位的不断提高，遍布各地的藩校、"寺子屋"都是拿《论语》作教科书，《论语》俨然已成为日本人的思想源泉。

及至近代，在日本大举学习西方的时代大潮中，《论语》成了被明治政府用以抵抗自由民权思想、巩固皇权的盾牌，我们从"道德以孔子为先"的圣旨便足以窥见《论语》在日本道德教育上的地位。不仅如此，明治时代还出现了涩泽荣一等一批秉持《论语》思想经商的生意人。官至大藏少辅（主管国家预算）却毅然弃官从商、被称为"日本近代实业界之父"的涩泽将《论语》作为第一经营哲学，将其成功之道写成《论语与算盘》一书，道出了其儒家道德和经济利益合而为一的独特认知。晚年的涩泽致力于《论语》的整理和研究，整理出版了《论语讲义》，为《论语》开辟出一种全新的功用——经济性，使得《论语》在日本的传播又添新色。

第二次世界大战以后，《论语》被继续发扬光大，即便到了今天，日本对《论语》依旧热情不减，每年都会有十余种解读、阐释《论语》的书籍问世并热卖。《论语》在日本的影响力真的是怎一个"大"字了得！

三

《论语》相关图书如此之众，每位作者的每一本又都在强调自己的与众不同，那么此番为什么选定了宫崎市定本——岩波书店 2000 年出版的文库本《现代语译〈论语〉》呢？了解日本出版情况的读者都知道，已经出版发行的单行本中能

入选该出版社"文库"的并不多，要有一定的口碑，又销得好才行。这样，已经出版发行的书籍，能作为"文库本"再度出版发行，不啻为对作者和著作的一种认可和褒扬。宫崎市定的《现代语译〈论语〉》，最早是 1993 年作为《宫崎市定全集》第四卷出版的，2000 年作为岩波书店"文库本"出版，此时宫崎先生已去世了五年。宫崎市定是日本著名的东洋史学家，在中国历史研究方面成果卓著，被誉为"京都学派"第二代掌门人，对《史记》等中国典籍的解读颇见功力。那么他的《论语》特色又在哪里呢？对此，砺波护的"解说"里已有所涉及，宫崎本人在《宫崎市定全集（第四卷）·论语》的后记中亦有较为详细的说明，均中肯客观，均未夸大其词，着实体现了史家风范，也着实令人信赖。

我最有感触的是，当学术遭遇大众，迎合抑或矜持，都不是上好的办法，宫崎市定的现代语版《论语》恰恰就做到了学术严谨和大众口味的协调统一。此其一。其二，学术创新，一定是要建立在对先贤力论的质疑基础上的，也一定是要建立在大胆的设想、缜密的求证基础之上的。宫崎市定对津田《论语》的批评早在宫崎《论语》问世的二十多年前就发表了，这二十年间，宫崎排除意识形态的干扰，进行了大量的基础研究工作，一字一句、一笔一画地死磕，却又能不囿于训诂学近乎畸形的的刻板，努力想象历史、求证历史、还原历史。正如宫崎先生所言，他的著作没有将儒家开山鼻祖孔子的言行录《论语》作为圣典去特别对待，而是将《论语》与其他古代文献一视同仁、以史家的态度解读出来。单是这样的视角，就需要多足的底气啊！

接下来，就回到了我们译者团队最初接到任务时的一点疑问上——日本人用日语翻译了中国的古典，我们再用中文把它翻译回中文，有意义吗？会有中国读者想读想看吗？

中国文化走出去，是一个宏大的话题，也是一个说起来容易、做起来甚难的重大课题。这不单是肯砸钱就能解决的。找到怎样的接点，找准怎样的时机，推送怎样的东西，都是需要费心琢磨的。《论语》在日本的传播与翻译无疑是一个成功的范例，透过日本人对《论语》1700多年的追捧，我们似乎可以咂摸出一点颇令人回味的滋味——古与今、中与外，人类的基本情感是相通的，打动中国人的东西，也一定会打动外国人。文化的交流，不是以单方面的输出为标准，而是以接收方的消化为尺度。这次翻译任务的完成，给了我们一个了解日本人如何解读中国经典的契机，一个从他者视角反观自我的契机，而这，又何尝不是中国文化走出去时我们应做的一门功课呢？

至于中国读者中有多少人会对此感兴趣，我是持乐观态度的。毕竟，宫崎市定的翻译很接地气，我们的翻译也很经得起推敲。一句话，这是一本很学术又很大众的书，真的很好看。

感谢晓辉。愿晓辉的在天之灵有《论语》为伴。

感谢翻译团队的每位同学。

是为记。

王新新

2019年夏天津雨后的清凉

GENDAIGO YAKU, RONGO
by Ichisada Miyazaki
© 2000 by Kazue Miyazaki Pearson
First published 2000 by Iwanami Shoten, Publishers, Tokyo.
This simplified Chinese edition published 2019
by Guangxi Normal University Press, Guilin
by arrangement with the proprietor c/o Iwanami Shoten, Publishers, Tokyo

著作权合同登记号桂图登字:20 – 2015 – 182 号

图书在版编目(CIP)数据

宫崎市定读《论语》/(日)宫崎市定著;王新新等译.—桂林:
广西师范大学出版社,2019.10
　　ISBN 978 – 7 – 5598 – 1872 – 0

　　Ⅰ.①宫… Ⅱ.①宫… ②王… Ⅲ.①儒家 ②《论语》–研究
Ⅳ.①B222.25

中国版本图书馆 CIP 数据核字(2019)第 118713 号

出 品 人:刘广汉
责任编辑:刘孝霞
助理编辑:罗泱慈
装帧设计:李婷婷
广西师范大学出版社出版发行

(广西桂林市五里店路9号　　　邮政编码:541004)
网址:http://www.bbtpress.com
出版人:张艺兵
全国新华书店经销
销售热线:021 – 65200318　021 – 31260822 – 898
山东鸿君杰文化发展有限公司印刷
(山东省淄博市桓台县寿济路 13188 号　邮政编码:256401)
开本:787mm × 1 092mm　　1/32
印张:13.5　　　　字数:280 千字
2019 年 10 月第 1 版　　　2019 年 10 月第 1 次印刷
定价:68.00 元

如发现印装质量问题,影响阅读,请与出版社发行部门联系调换。